Collection

dirigée par
Jean-Olivier Héron
et Pierre Marchand

Jean-Jacques Sempé, né le 17 août 1932 à Bordeaux, études moyennes, très chahuteur, renvoyé pour indiscipline...

Il se lance dans le dessin humoristique à dix-neuf ans.

Les débuts sont difficiles ; mais Sempé travaille comme un forcené : il a collaboré et collabore à de nombreux magazines, *Paris-Match, Punch, L'Express.* Auteur de nombreux albums, il a « mis au monde » le Petit Nicolas en 1954, avec son ami René Goscinny.

Enfin, Sempé a un fils qui s'appelle... Nicolas !

René Goscinny est né le 14 août 1926 à Paris. Deux ans plus tard, ses parents l'emmènent en Argentine.

Elève au Collège français de Buenos Aires, il passe brillamment son baccalauréat, ainsi que ses trente-sept condisciples, dont certains ne parlent pas français.

Puis, il est tour à tour : sous-aide-comptable, apprenti dessinateur dans une agence de publicité, secrétaire, militaire, dessinateur et enfin journaliste.

Père du célèbre Astérix, il a collaboré à de nombreux journaux, dont « Pilote ».

René Goscinny est mort en 1977.

Vous retrouverez d'autres aventures du petit Nicolas dans Folio Junior :

N° 4 : Les vacances du petit Nicolas
N° 47 : Les récrés du petit Nicolas.

ISBN 2-07-033475-9

© Éditions Denoël, 1963, pour le texte et les illustrations
© Éditions Gallimard, 1988, pour la présente édition
Dépôt légal : juillet 1988
1er dépôt légal dans la même collection : janvier 1988
N° d'éditeur : 43957 — N° d'imprimeur : 45786
Imprimé en France sur les presses de l'imprimerie Hérissey

Sempé/Goscinny

Le petit Nicolas et les copains

Denoël

Clotaire
a des lunettes !

Quand Clotaire est arrivé à l'école, ce matin, nous avons été drôlement étonnés, parce qu'il avait des lunettes sur la figure. Clotaire, c'est un bon copain, qui est le dernier de la classe, et il paraît que c'est pour ça qu'on lui a mis des lunettes.

— C'est le docteur, nous a expliqué Clotaire, qui a dit à mes parents que si j'étais dernier, c'était peut-être parce que je ne voyais pas bien en classe. Alors, on m'a emmené dans le magasin à lunettes et le monsieur des lunettes m'a regardé les yeux avec une machine qui ne fait pas mal, il m'a fait lire des tas de lettres qui ne voulaient rien dire et puis il m'a donné des lunettes, et maintenant, bing ! je ne serai plus dernier.

Moi, ça m'a un peu étonné, le coup des lunettes, parce que si Clotaire ne voit pas en classe, c'est parce qu'il dort souvent, mais peut-être que les lunettes, ça l'empêchera de

Clotaire a des lunettes
Clotaire a des lunettes !
Clotaire a des lunettes !
Clotaire a des lunettes
Clotaire a des lunettes !
Clotaire a des lunettes !
le veinard !
Elles sont belles ses lunettes !
Clotaire a des lunettes !

sempé

dormir. Et puis c'est vrai que le premier de la classe c'est Agnan, et c'est le seul qui porte des lunettes, même que c'est pour ça qu'on ne peut pas lui taper dessus aussi souvent qu'on le voudrait.

Agnan, il n'a pas été content de voir que Clotaire avait des lunettes. Agnan, qui est le chouchou de la maîtresse, a toujours peur qu'un copain soit premier à sa place, et nous on a été bien contents de penser que le premier, maintenant, ce serait Clotaire, qui est un chouette copain.

— T'as vu mes lunettes ? a demandé Clotaire à Agnan. Maintenant, je vais être le premier en tout, et ce sera moi que la maîtresse enverra chercher les cartes et qui effacerai le tableau ! La la lère !

— Non, monsieur ! Non, monsieur ! a dit Agnan. Le premier, c'est moi ! Et puis d'abord, tu n'as pas le droit de venir à l'école avec des lunettes !

— Un peu que j'ai le droit, tiens, sans

blague ! a dit Clotaire. Et tu ne seras plus le seul sale chouchou de la classe ! La la lère !

— Et moi, a dit Rufus, je vais demander à mon papa de m'acheter des lunettes, et je serai premier aussi !

— On va tous demander à nos papas de nous acheter des lunettes, a crié Geoffroy. On sera tous premiers et on sera tous chouchous !

Alors, ça a été terrible, parce qu'Agnan s'est mis à crier et à pleurer ; il a dit que c'était de la triche, qu'on n'avait pas le droit d'être premiers, qu'il se plaindrait, que personne ne l'aimait, qu'il était très malheureux, qu'il allait se tuer, et le Bouillon est arrivé en courant. Le Bouillon, c'est notre surveillant, et un jour je vous raconterai pourquoi on l'appelle comme ça.

— Qu'est-ce qui se passe ici ? a crié le Bouillon. Agnan ! qu'est-ce que vous avez à pleurer comme ça ? Regardez-moi bien dans les yeux et répondez-moi !

— Ils veulent tous mettre des lunettes ! lui a dit Agnan en faisant des tas de hoquets.

Le Bouillon a regardé Agnan, il nous a regardés nous, il s'est frotté la bouche avec la main, et puis il nous a dit :

— Regardez-moi tous dans les yeux ! Je ne vais pas essayer de comprendre vos histoires : tout ce que je peux vous dire, c'est que si je vous entends encore, je sévirai ! Agnan, allez boire un verre d'eau sans respirer, les autres, à bon entendeur, salut !

Et il est parti avec Agnan, qui continuait à faire des hoquets.

— Dis, j'ai demandé à Clotaire, tu nous les prêteras, tes lunettes, quand on sera interrogés ?

— Oui, et pour les compositions ! a dit Maixent.

— Pour les compositions, je vais en avoir besoin, a dit Clotaire, parce que si je ne suis pas le premier, papa saura que je n'avais pas mes lunettes et ça va faire des histoires parce qu'il n'aime pas que je prête mes affaires ; mais pour les interrogations, on s'arrangera.

C'est vraiment un chouette copain, Clotaire, et je lui ai demandé de me prêter ses lunettes pour essayer, et vraiment je ne sais pas comment il va faire pour être premier, Clotaire, parce qu'avec ses lunettes on voit tout de travers, et quand on regarde ses pieds, ils ont l'air d'être très près de la figure. Et puis j'ai passé les lunettes à Geoffroy, qui les a prêtées à Rufus, qui les a mises à Joachim, qui les a données à Maixent, qui les a jetées à Eudes qui nous a fait bien rigoler en faisant semblant de loucher, et puis Alceste a voulu les prendre, mais là il y a eu des histoires.

— Pas toi, a dit Clotaire. Tu as les mains pleines de beurre à cause de tes tartines et tu vas salir mes lunettes, et ce n'est pas la peine d'avoir des lunettes si on ne peut pas voir à travers, et c'est un drôle de travail de les nettoyer, et papa me privera de télévision si je suis de nouveau dernier parce qu'un imbécile a sali mes lunettes avec ses grosses mains pleines de beurre !

Et Clotaire a remis ses lunettes, mais Alceste n'était pas content.

— Tu les veux sur la figure, mes grosses mains pleines de beurre ? il a demandé à Clotaire.

— Tu ne peux pas me taper dessus, a dit Clotaire. J'ai des lunettes. La la lère !

— Eh ben, a dit Alceste, enlève-les, tes lunettes !

— Non, monsieur, a dit Clotaire.

— Ah ! les premiers de la classe, a dit Alceste, vous êtes tous les mêmes ! Des lâches !

— Je suis un lâche, moi ? a crié Clotaire.

13

— Oui, monsieur, puisque tu portes des lunettes ! a crié Alceste.

— Eh ben, on va voir qui est un lâche ! a crié Clotaire, en enlevant ses lunettes.

Ils étaient drôlement furieux, tous les deux, mais ils n'ont pas pu se battre parce que le Bouillon est arrivé en courant.

— Quoi encore ? il a demandé.

— Il veut pas que je porte des lunettes ! a crié Alceste.

— Et moi, il veut mettre du beurre sur les miennes ! a crié Clotaire.

Le Bouillon s'est mis les mains sur la figure et il s'est allongé les joues, et quand il fait ça, c'est pas le moment de rigoler.

— Regardez-moi bien dans les yeux, vous deux ! a dit le Bouillon. Je ne sais pas ce que vous avez encore inventé, mais je ne veux plus entendre parler de lunettes ! Et pour demain, vous me conjuguerez le verbe : « Je ne dois pas dire des absurdités pendant la récréation, ni semer le désordre, obligeant de la sorte M. le Surveillant à intervenir. » A tous les temps de l'indicatif.

Et il est allé sonner la cloche pour entrer en classe.

Dans la file, Clotaire a dit que quand Alceste aurait les mains sèches, il voudrait bien les lui prêter, les lunettes. C'est vraiment un chouette copain, Clotaire.

En classe — c'était géographie — Clotaire a fait passer les lunettes à Alceste, qui s'était bien essuyé ses mains sur le veston. Alceste a mis les lunettes, et puis là il n'a pas eu de chance, parce qu'il n'a pas vu la maîtresse qui était juste devant lui.

— Cessez de faire le clown, Alceste ! a crié la maîtresse. Et ne louchez pas ! S'il vient un courant d'air, vous resterez comme ça ! En attendant, sortez !

Et Alceste est sorti avec les lunettes, il a failli se cogner dans la porte, et puis la maîtresse a appelé Clotaire au tableau.

Et là, bien sûr, sans les lunettes ça n'a pas marché : Clotaire a eu zéro.

Le chouette bol d'air

Nous sommes invités à passer le dimanche dans la nouvelle maison de campagne de M. Bongrain. M. Bongrain fait le comptable dans le bureau où travaille Papa, et il paraît qu'il a un petit garçon qui a mon âge, qui est très gentil et qui s'appelle Corentin.

Moi, j'étais bien content, parce que j'aime beaucoup aller à la campagne et Papa nous a expliqué que ça ne faisait pas longtemps que M. Bongrain avait acheté sa maison, et qu'il lui avait dit que ce n'était pas loin de la ville. M. Bongrain avait donné tous les détails à Papa par téléphone, et Papa a inscrit sur un papier et il paraît que c'est très facile d'y aller. C'est tout droit, on tourne à gauche au premier feu rouge, on passe sous le pont de chemin de fer, ensuite c'est encore tout droit jusqu'au carrefour, où il faut prendre à gauche, et puis encore à gauche jusqu'à une grande ferme blanche, et puis on tourne à droite par une

16

petite route en terre, et là c'est tout droit et à gauche après la station-service.

On est partis, Papa, Maman et moi, assez tôt le matin dans la voiture, et Papa chantait, et puis il s'est arrêté de chanter à cause de toutes les autres voitures qu'il y avait sur la route. On ne pouvait pas avancer. Et puis Papa a raté le feu rouge où il devait tourner, mais il a dit que ce n'était pas grave, qu'il rattraperait son chemin au carrefour suivant. Mais au carrefour suivant, ils faisaient des tas de travaux et ils avaient mis une pancarte où c'était écrit : « Détour » ; et nous nous sommes perdus ; et Papa a crié après Maman en lui disant qu'elle lui lisait mal les indications qu'il y avait sur le papier ; et Papa a demandé son chemin à des tas de gens qui ne savaient pas ; et nous sommes arrivés chez M. Bongrain presque à l'heure du déjeuner, et nous avons cessé de nous disputer.

M. Bongrain est venu nous recevoir à la porte de son jardin.

— Eh bien, il a dit M. Bongrain. On les voit les citadins ! Incapables de se lever de bonne heure, hein ?

Alors, Papa lui a dit que nous nous étions perdus, et M. Bongrain a eu l'air tout étonné.

— Comment as-tu fait ton compte ? il a demandé. C'est tout droit !

Et il nous a fait entrer dans la maison.

Elle est chouette, la maison de M. Bongrain ! Pas très grande, mais chouette.

— Attendez, a dit M. Bongrain, je vais appeler ma femme. Et il a crié : « Claire ! Claire ! Nos amis sont là ! »

Et Mme Bongrain est arrivée, elle avait des yeux tout rouges, elle toussait, elle portait un tablier plein de taches noires et elle nous a dit :

— Je ne vous donne pas la main, je suis noire de charbon ! Depuis ce matin, je m'escrime à faire marcher cette cuisinière sans y réussir !

M. Bongrain s'est mis à rigoler.

— Évidemment, il a dit, c'est un peu rustique, mais c'est ça, la vie à la campagne ! On ne peut pas avoir une cuisinière électrique, comme dans l'appartement.

— Et pourquoi pas ? a demandé Mme Bongrain.

— Dans vingt ans, quand j'aurai fini de payer la maison, on en reparlera, a dit M. Bongrain. Et il s'est mis à rigoler de nouveau.

Mme Bongrain n'a pas rigolé et elle est partie en disant :

— Je m'excuse, il faut que je m'occupe du déjeuner. Je crois qu'il sera très rustique, lui aussi.

— Et Corentin, a demandé Papa, il n'est pas là ?

— Mais oui, il est là, a répondu M. Bongrain ; mais ce petit crétin est puni, dans sa chambre. Tu ne sais pas ce qu'il a fait, ce matin, en se levant ? Je te le donne en mille : il est monté sur un arbre pour cueillir des prunes ! Tu te rends compte ? Chacun de ces arbres m'a coûté une fortune, ce n'est tout de même pas pour que le gosse s'amuse à casser les branches, non ?

Et puis M. Bongrain a dit que puisque j'étais là, il allait lever la punition, parce qu'il était sûr que j'étais un petit garçon sage qui ne s'amuserait pas à saccager le jardin et le potager.

19

Corentin est venu, il a dit bonjour à Maman, à Papa et on s'est donné la main. Il a l'air assez chouette, pas aussi chouette que les copains de l'école, bien sûr, mais il faut dire que les copains de l'école, eux, ils sont terribles.

— On va jouer dans le jardin ? j'ai demandé.

Corentin a regardé son papa, et son papa a dit :

— J'aimerais mieux pas, les enfants. On va bientôt manger et je ne voudrais pas que vous ameniez de la boue dans la maison. Maman a eu bien du mal à faire le ménage, ce matin.

Alors, Corentin et moi on s'est assis, et pendant que les grands prenaient l'apéritif, nous, on a regardé une revue que j'avais lue à la maison. Et on l'a lue plusieurs fois la revue, parce que Mme Bongrain, qui n'a pas pris l'apéritif avec les autres, était en retard pour le déjeuner. Et puis Mme Bongrain est arrivée, elle a enlevé son tablier et elle a dit :

— Tant pis... A table !

M. Bongrain était tout fier pour le hors-d'œuvre, parce qu'il nous a expliqué que les tomates venaient de son potager, et Papa a rigolé et il a dit qu'elles étaient venues un peu trop tôt, les tomates, parce qu'elles étaient encore toutes vertes. M. Bongrain a répondu que peut-être, en effet, elles n'étaient pas encore tout à fait mûres, mais qu'elles avaient un autre goût que celles que l'on trouve sur le marché. Moi, ce que j'ai bien aimé, c'est les sardines.

Et puis Mme Bongrain a apporté le rôti, qui était rigolo, parce que dehors il était tout noir, mais dedans c'était comme s'il n'était pas cuit du tout.

— Moi, je n'en veux pas, a dit Corentin. Je n'aime pas la viande crue !

M. Bongrain lui a fait les gros yeux et il lui a dit de finir ses tomates en vitesse et de manger sa viande comme tout le monde, s'il ne voulait pas être puni.

Ce qui n'était pas trop réussi, c'étaient les pommes de terre du rôti ; elles étaient un peu dures.

Après le déjeuner, on s'est assis dans le salon. Corentin a repris la revue et Mme Bongrain a expliqué à Maman qu'elle avait une bonne en ville, mais que la bonne ne voulait pas venir travailler à la campagne, le dimanche. M. Bongrain expliquait à Papa combien ça lui avait coûté, la maison, et qu'il avait fait une affaire formidable. Moi, tout ça ça ne m'intéressait pas, alors j'ai demandé à Corentin si on ne pouvait pas aller jouer dehors où il y avait plein de soleil. Corentin a regardé son papa, et M. Bongrain a dit :

— Mais, bien sûr, les enfants. Ce que je vous demande, c'est de ne pas jouer sur les pelouses, mais sur les allées. Amusez-vous bien, et soyez sages.

Corentin et moi nous sommes sortis, et Corentin m'a dit qu'on allait jouer à la pétanque. J'aime bien la pétanque et je suis terrible pour pointer. On a joué dans l'allée ; il y en avait une seule et pas très large ; et je dois dire que Corentin, il se défend drôlement.

— Fais attention, m'a dit Corentin ; si une boule va sur la pelouse, on pourrait pas la ravoir !

Et puis Corentin a tiré, et bing ! sa boule a raté la mienne et elle est allée sur l'herbe. La fenêtre de la maison s'est ouverte tout de suite et M. Bongrain a sorti une tête toute rouge et pas contente :

— Corentin ! il a crié. Je t'ai déjà dit plusieurs fois de faire attention et de ne pas endommager cette pelouse ! Ça fait des semaines que le jardinier y travaille ! Dès que tu es à la campagne, tu deviens intenable ! Allez ! dans ta chambre jusqu'à ce soir !

Corentin s'est mis à pleurer et il est parti ; alors, je suis rentré dans la maison.

Mais nous ne sommes plus restés très longtemps, parce que Papa a dit qu'il préférait partir de bonne heure pour éviter les embouteillages. M. Bongrain a dit que c'était sage, en effet, qu'ils n'allaient pas tarder à rentrer eux-mêmes, dès que Mme Bongrain aurait fini de faire le ménage.

M. et Mme Bongrain nous ont accompagnés jusqu'à la voiture ; Papa et Maman leur ont dit qu'ils avaient passé une journée qu'ils n'oublieraient pas, et juste quand Papa allait démarrer, M. Bongrain s'est approché de la portière pour lui parler :

— Pourquoi n'achètes-tu pas une maison de campagne, comme moi ? a dit M. Bongrain. Bien sûr, personnellement, j'aurais pu m'en passer ; mais il ne faut pas être égoïste, mon vieux ! Pour la femme et le gosse, tu ne peux pas savoir le bien que ça leur fait, cette détente et ce bol d'air, tous les dimanches !

Les crayons
de couleur

Ce matin, avant que je parte pour l'école, le
facteur a apporté un paquet pour moi, un
cadeau de mémé. Il est chouette, le facteur !

Papa, qui était en train de prendre son café
au lait, a dit : « Aïe, aïe, aïe, des catastrophes
en perspective ! » et Maman, ça ne lui a pas
plu que Papa dise ça, et elle s'est mise à crier
que chaque fois que sa maman, ma mémé, faisait quelque chose, Papa trouvait à redire, et
Papa a dit qu'il voulait prendre son café au lait
tranquille, et Maman lui a dit que, oh ! bien
sûr, elle était juste bonne à préparer le café au
lait et à faire le ménage, et Papa a dit qu'il
n'avait jamais dit ça, mais que ce n'était pas
trop demander que de vouloir un peu la paix à
la maison, lui qui travaillait durement pour
que Maman ait de quoi préparer le café au lait.
Et pendant que Papa et Maman parlaient, moi
j'ai ouvert le paquet, et c'était terrible : c'était
une boîte de crayons de couleur ! J'étais telle-

ment content que je me suis mis à courir, à sauter et à danser dans la salle à manger avec ma boîte, et tous les crayons sont tombés.

— Ça commence bien ! a dit Papa.

— Je ne comprends pas ton attitude, a dit Maman. Et puis, d'abord, je ne vois pas quelles sont les catastrophes que peuvent provoquer ces crayons de couleur ! Non, vraiment je ne vois pas !

— Tu verras, a dit Papa.

Et il est parti à son bureau. Maman m'a dit de ramasser mes crayons de couleur, parce que j'allais être en retard pour l'école. Alors, moi je me suis dépêché de remettre les crayons dans la boîte et j'ai demandé à Maman si je pouvais les emmener à l'école. Maman m'a dit que oui, et elle m'a dit de faire attention et de ne pas avoir d'histoires avec mes crayons de couleur. J'ai promis, j'ai mis la boîte dans mon cartable et je suis parti. Je ne comprends pas Maman et Papa ; chaque fois que je reçois un cadeau, ils sont sûrs que je vais faire des bêtises.

Je suis arrivé à l'école juste quand la cloche sonnait pour entrer en classe. Moi, j'étais tout fier de ma boîte de crayons de couleur et j'étais impatient de la montrer aux copains. C'est vrai, à l'école, c'est toujours Geoffroy qui apporte des choses que lui achète son papa, qui est très riche, et là, j'étais bien content de lui montrer, à Geoffroy, qu'il n'y avait pas que lui qui avait des chouettes cadeaux, c'est vrai, quoi, à la fin, sans blague...

En classe, la maîtresse a appelé Clotaire au tableau et, pendant qu'elle l'interrogeait, j'ai montré ma boîte à Alceste, qui est assis à côté de moi.

— C'est rien chouette, m'a dit Alceste.

— C'est ma mémé qui me les a envoyés, j'ai expliqué.

— Qu'est-ce que c'est ? a demandé Joachim.

Et Alceste a passé la boîte à Joachim, qui l'a passée à Maixent, qui l'a passée à Eudes, qui l'a passée à Rufus, qui l'a passée à Geoffroy, qui a fait une drôle de tête.

Mais comme ils étaient tous là à ouvrir la boîte et à sortir les crayons pour les regarder et pour les essayer, moi j'ai eu peur que la maîtresse les voie et se mette à confisquer les crayons. Alors, je me suis mis à faire des gestes à Geoffroy pour qu'il me rende la boîte, et la maîtresse a crié :

— Nicolas ! Qu'est-ce que vous avez à remuer et à faire le pitre ?

Elle m'a fait drôlement peur, la maîtresse, et je me suis mis à pleurer, et je lui ai expliqué que j'avais une boîte de crayons de couleur que m'avait envoyée ma mémé, et que je voulais que les autres me la rendent. La maîtresse m'a regardé avec des gros yeux, elle a fait un soupir et elle a dit :

— Bien. Que celui qui a la boîte de Nicolas la lui rende.

Geoffroy s'est levé et m'a rendu la boîte. Et moi, j'ai regardé dedans, et il manquait des tas de crayons.

— Qu'est-ce qu'il y a encore ? m'a demandé la maîtresse.

— Il manque des crayons, je lui ai expliqué.

— Que celui qui a les crayons de Nicolas les lui rende, a dit la maîtresse.

Alors, tous les copains se sont levés pour venir m'apporter les crayons. La maîtresse s'est mise à taper sur son bureau avec sa règle et elle nous a donné des punitions à tous ; nous devons conjuguer le verbe : « Je ne dois pas prendre prétexte des crayons de couleur pour interrompre le cours et semer le désordre dans la classe. » Le seul qui n'a pas été puni, à part Agnan qui est le chouchou de la maîtresse et qui était absent parce qu'il a les oreillons, c'est Clotaire, qui était interrogé au tableau. Lui, il a été privé de récré, comme d'habitude chaque fois qu'il est interrogé.

Quand la récré a sonné, j'ai emmené ma boîte de crayons de couleur avec moi, pour pouvoir en parler avec les copains, sans risquer d'avoir des punitions. Mais dans la cour, quand j'ai ouvert la boîte, j'ai vu qu'il manquait le crayon jaune.

— Il me manque le jaune ! j'ai crié. Qu'on me rende le jaune !

— Tu commences à nous embêter, avec tes crayons, a dit Geoffroy. A cause de toi, on a été punis !

Alors, là, je me suis mis drôlement en colère.

— Si vous n'aviez pas fait les guignols, il ne serait rien arrivé, j'ai dit. Ce qu'il y a, c'est que vous êtes tous des jaloux ! Et si je ne retrouve pas le voleur, je me plaindrai !

sempé.

— C'est Eudes qui a le jaune, a crié Rufus, il est tout rouge !... Eh ! vous avez entendu, les gars ? J'ai fait une blague : j'ai dit qu'Eudes avait volé le jaune parce qu'il était tout rouge !

Et tous se sont mis à rigoler, et moi aussi, parce qu'elle était bonne celle-là, et je la raconterai à Papa. Le seul qui n'a pas rigolé, c'est Eudes, qui est allé vers Rufus et qui lui a donné un coup de poing sur le nez.

— Alors, c'est qui le voleur ? a demandé Eudes, et il a donné un coup de poing sur le nez de Geoffroy.

— Mais je n'ai rien dit, moi ! a crié Geoffroy, qui n'aime pas recevoir des coups de poing sur le nez, surtout quand c'est Eudes qui les donne. Moi, ça m'a fait rigoler, le coup de Geoffroy qui recevait un coup de poing sur le nez quand il ne s'y attendait pas ! Et Geoffroy a couru vers moi, et il m'a donné une claque, en traître, et ma boîte de crayons de couleur est tombée et nous nous sommes battus. Le Bouillon — c'est notre surveillant— il est arrivé en courant, il nous a séparés, il nous a traités de bande de petits sauvages, il a dit qu'il ne voulait même pas savoir de quoi il s'agissait et il nous a donné cent lignes à chacun.

— Moi, j'ai rien à voir là-dedans, a dit Alceste, j'étais en train de manger ma tartine.

— Moi non plus, a dit Joachim, j'étais en

32

train de demander à Alceste de m'en donner un bout.

— Tu peux toujours courir ! a dit Alceste.

Alors, Joachim a donné une baffe à Alceste, et le Bouillon leur a donné deux cents lignes à chacun.

Quand je suis revenu à la maison pour déjeuner, j'étais pas content du tout ; ma boîte de crayons de couleur était démolie, il y avait des crayons cassés et il me manquait toujours le jaune. Et je me suis mis à pleurer dans la salle à manger, en expliquant à Maman le coup des punitions. Et puis Papa est entré, et il a dit :

— Allons, je vois que je ne m'étais pas trompé, il y a eu des catastrophes avec ces crayons de couleur !

— Il ne faut rien exagérer, a dit Maman.

Et puis on a entendu un grand bruit : c'était Papa qui venait de tomber en mettant le pied sur mon crayon jaune, qui était devant la porte de la salle à manger.

Les campeurs

— Eh ! les gars, nous a dit Joachim en sortant de l'école, si on allait camper demain ?

— C'est quoi, camper ? a demandé Clotaire, qui nous fait bien rigoler chaque fois, parce qu'il ne sait jamais rien de rien.

— Camper ? C'est très chouette, lui a expliqué Joachim. J'y suis allé dimanche dernier avec mes parents et des amis à eux. On va en auto, loin dans la campagne, et puis on se met dans un joli coin près d'une rivière, on monte les tentes, on fait du feu pour la cuisine, on se baigne, on pêche, on dort sous la tente, il y a des moustiques, et quand il se met à pleuvoir on s'en va en courant.

— Chez moi, a dit Maixent, on ne me laissera pas aller faire le guignol, tout seul, loin dans la campagne. Surtout s'il y a une rivière.

— Mais non, a dit Joachim, on fera semblant ! On va camper dans le terrain vague !

— Et la tente ? Tu as une tente, toi ? a demandé Eudes.

— Bien sûr ! a répondu Joachim. Alors, c'est d'accord ?

Et jeudi, nous étions tous dans le terrain vague. Je ne sais pas si je vous ai dit que dans le quartier, tout près de ma maison, il y a un terrain vague terrible, où on trouve des caisses, des papiers, des pierres, des vieilles boîtes, des bouteilles, des chats fâchés et surtout une vieille auto qui n'a plus de roues, mais qui est drôlement chouette quand même.

C'est Joachim qui est arrivé le dernier avec une couverture pliée sous le bras.

— Et la tente ? a demandé Eudes.

— Ben, la voilà, a répondu Joachim en nous montrant la couverture, qui était vieille avec des tas de trous et de taches partout.

— C'est pas une vraie tente, ça ! a dit Rufus.

— Tu ne crois pas que mon papa allait me prêter sa tente toute neuve, non ? a dit Joachim. Avec la couverture, on fera semblant.

Et puis Joachim nous a dit qu'on devait tous monter dans l'auto, parce que, pour camper, il faut y aller en auto.

— C'est pas vrai ! a dit Geoffroy. Moi j'ai un cousin qui est boy-scout, et il y va toujours à pied !

— Si tu veux aller à pied, tu n'as qu'à y aller, a dit Joachim. Nous, on y va en auto et on sera arrivés bien avant toi.

— Et qui c'est qui va conduire ? a demandé Geoffroy.

— Moi, bien sûr, a répondu Joachim.

— Et pourquoi, je vous prie ? a demandé Geoffroy.

— Parce que c'est moi qui ai eu l'idée d'aller camper, et aussi parce que la tente, c'est moi qui l'ai apportée, a dit Joachim.

Geoffroy n'était pas très content, mais comme on était pressés d'arriver pour camper, on lui a dit de ne pas faire d'histoires. Alors, on est tous montés dans l'auto, on a mis la tente sur le toit et puis on a tous fait « vroum vroum », sauf Joachim qui conduisait et qui criait : « Gare-toi, eh papa ! Va donc, eh chauffard ! Assassin ! Vous avez vu comment que je l'ai doublé, celui-là, avec sa voiture sport ? » Ça va être un drôle de conducteur, Joachim, quand il sera grand ! Et puis il nous a dit :

— Ce coin me paraît joli. On s'arrête.

Alors, on a tous cessé de faire « vroum » et on est descendus de l'auto, et Joachim a regardé autour de lui, content comme tout.

— Très bien. Amenez la tente, on a la rivière tout près.

— Où est-ce que tu vois une rivière, toi ? a demandé Rufus.

— Ben, là ! a dit Joachim. On fait semblant,
quoi !

Et puis on a amené la tente, et pendant
qu'on la montait, Joachim a dit à Geoffroy et à
Clotaire d'aller chercher de l'eau à la rivière et
puis de faire semblant d'allumer du feu pour
cuire le déjeuner.

Ça n'a pas été facile de monter la tente,
mais on a mis des caisses les unes sur les
autres et on a mis la couverture par-dessus.
C'était très chouette.

— Le déjeuner est prêt ! a crié Geoffroy.

Alors on a tous fait semblant de manger,
sauf Alceste qui mangeait vraiment, parce
qu'il avait apporté des tartines à la confiture de
chez lui.

— Très bon, ce poulet ! a dit Joachim, en
faisant « miam, miam ».

— Tu me passes un peu de tes tartines ? a
demandé Maixent à Alceste.

— T'es pas un peu fou ? a répondu Alceste.
Est-ce que je te demande du poulet, moi ?

Mais comme Alceste c'est un bon copain, il
a fait semblant de donner une de ses tartines à
Maixent.

— Bon, maintenant, il faut éteindre le feu, a dit Joachim, et enterrer tous les papiers gras et les boîtes de conserve.

— T'es malade, a dit Rufus. Si on doit enterrer tous les papiers gras et toutes les boîtes du terrain vague, on sera encore là dimanche !

— Mais que t'es bête ! a dit Joachim. On fait semblant ! Maintenant, on va tous se mettre sous la tente pour dormir.

Et là, c'était rigolo comme tout, sous la tente ; on était drôlement serrés et il faisait chaud, mais on s'amusait bien. On n'a pas dormi vraiment, bien sûr, parce qu'on n'avait pas sommeil, et puis parce qu'il n'y avait pas de place. On était là sous la couverture depuis un moment, quand Alceste a dit :

— Et qu'est-ce qu'on fait maintenant ?

— Ben, rien, a dit Joachim. Ceux qui veulent peuvent dormir, les autres peuvent aller se baigner dans la rivière. Quand on campe, chacun fait ce qu'il veut. C'est ça qui est chouette.

— Si j'avais apporté mes plumes, a dit Eudes, on aurait pu jouer aux Indiens, sous la tente.

— Aux Indiens ? a dit Joachim. Où est-ce que tu as vu des Indiens camper, imbécile ?

— C'est moi, l'imbécile ? a demandé Eudes.

— Eudes a raison, a dit Rufus, on s'embête sous ta tente !

— Parfaitement, c'est toi l'imbécile, a dit Joachim, et il a eu tort, parce qu'avec Eudes, il ne faut pas rigoler ; il est très fort et bing ! il a donné un coup de poing sur le nez de Joachim, qui s'est fâché et qui a commencé à se battre avec Eudes. Comme il n'y avait pas beaucoup de place sous la tente, on recevait tous des baffes, et puis les caisses sont tombées et on a eu du mal à sortir de dessous la couverture ; c'était drôlement rigolo. Joachim, lui, n'était pas content et il piétinait la couverture en criant : « Puisque c'est comme ça, sortez tous de ma tente ! Je vais camper tout seul ! »

— T'es fâché pour de vrai, ou tu fais semblant ? a demandé Rufus.

Alors, on a tous rigolé, et Rufus rigolait avec nous en demandant :

— Qu'est-ce que j'ai dit de drôle, les gars ?
Hein ? Qu'est-ce que j'ai dit de drôle ?

Et puis Alceste a dit qu'il se faisait tard et
qu'il fallait rentrer pour dîner.

— Oui, a dit Joachim. D'ailleurs, il pleut !
Vite ! Vite ! Ramassez toutes les affaires et
courons à la voiture !

Ça a été très chouette de camper, et chacun
de nous est revenu à sa maison fatigué mais
content. Même si nos papas et nos mamans
nous ont grondés, parce qu'on était arrivés si
tard.

Et ce n'est pas juste, parce que ce n'est tout
de même pas de notre faute si on a été pris
dans un embouteillage terrible pour le retour !

On a parlé dans la radio

Ce matin, en classe, la maîtresse nous a dit : « Mes enfants, j'ai une grande nouvelle à vous annoncer : dans le cadre d'une grande enquête menée parmi les enfants des écoles, des reporters de la radio vont venir vous interviewer. »

Nous, on n'a rien dit parce qu'on n'a pas compris, sauf Agnan ; mais lui, ce n'est pas malin, parce qu'il est le chouchou de la maîtresse et le premier de la classe. Alors, la maîtresse nous a expliqué que des messieurs de la radio viendraient nous poser des questions, qu'ils faisaient ça dans toutes les écoles de la ville, et qu'aujourd'hui c'était notre tour.

— Et je compte sur vous pour être sages et pour parler d'une façon intelligente, a dit la maîtresse.

Nous, ça nous a énervés comme tout de savoir qu'on allait parler à la radio, et la maîtresse a dû taper avec sa règle sur son bureau plusieurs fois pour pouvoir continuer à nous faire la leçon de grammaire.

Et puis, la porte de la classe s'est ouverte, et le directeur est entré avec deux messieurs, dont l'un portait une valise.

— Debout ! a dit la maîtresse.

— Assis ! a dit le directeur. Mes enfants, c'est un grand honneur pour notre école de recevoir la visite de la radio, qui, par la magie des ondes, et grâce au génie de Marconi, répercutera vos paroles dans des milliers de foyers. Je suis sûr que vous serez sensibles à cet honneur, et que vous serez habités par un sentiment de responsabilité. Autrement, je vous préviens, je punirai les fantaisistes ! Monsieur, ici, vous expliquera ce qu'il attend de vous.

Alors, un des messieurs nous a dit qu'il allait nous poser des questions sur les choses que nous aimions faire, sur ce que nous lisions et sur ce que nous apprenions à l'école. Et puis, il a pris un appareil dans sa main et il a dit : « Ceci est un micro. Vous parlerez là-dedans, bien distinctement, sans avoir peur ; et ce soir, à huit heures précises, vous pourrez vous écouter, car tout ceci est enregistré. »

Et puis le monsieur s'est tourné vers l'autre monsieur qui avait ouvert sa valise sur le bureau de la maîtresse, et dans la valise il y avait des appareils, et qui avait mis sur ses oreilles des machins pour écouter. Comme les pilotes dans un film que j'ai vu ; mais la radio ne marchait pas, et comme c'était plein de brouillard, ils n'arrivaient plus à retrouver la ville où ils devaient aller, et ils tombaient dans l'eau, et c'était un film vraiment très chouette. Et le premier monsieur a dit à celui qui avait les choses sur les oreilles :

— On peut y aller, Pierrot ?

— Ouais, a dit M. Pierrot, fais-moi un essai de voix.

— Un, deux, trois, quatre, cinq ; ça va ? a demandé l'autre monsieur.

— C'est parti, mon Kiki, a répondu M. Pierrot.

— Bon, a dit M. Kiki, alors, qui veut parler en premier ?

— Moi ! Moi ! Moi ! nous avons tous crié.

M. Kiki s'est mis à rire et il a dit : « Je vois que nous avons beaucoup de candidats ; alors je vais demander à mademoiselle de me désigner l'un d'entre vous. »

Et la maîtresse, bien sûr, elle a dit qu'il fallait interroger Agnan, parce que c'était le premier de la classe. C'est toujours la même chose avec ce chouchou, c'est vrai, quoi, à la fin !

Agnan est allé vers M. Kiki, et M. Kiki lui a mis le micro devant sa figure, et elle était toute blanche, la figure d'Agnan.

— Bien, veux-tu me dire ton nom, mon petit ? a demandé M. Kiki.

Agnan a ouvert la bouche et il n'a rien dit.
Alors, M. Kiki a dit :

— Tu t'appelles Agnan, n'est-ce pas ?

Agnan a fait oui avec la tête.

— Il paraît, a dit M. Kiki, que tu es le premier de la classe. Ce que nous aimerions savoir, c'est ce que tu fais pour te distraire, tes jeux préférés... Allons, réponds ! Il ne faut pas avoir peur, voyons !

Alors Agnan s'est mis à pleurer, et puis il a été malade, et la maîtresse a dû sortir en courant avec lui.

M. Kiki s'est essuyé le front, il a regardé M. Pierrot, et puis il nous a demandé :

— Est-ce qu'il y a un de vous qui n'a pas peur de parler devant le micro ?

— Moi ! Moi ! Moi ! on a tous crié.

— Bon, a dit M. Kiki, le petit gros, là, viens ici. C'est ça... Alors, on y va... Comment t'appelles-tu, mon petit ?

— Alceste, a dit Alceste.

— Alchechte ? a demandé M. Kiki tout étonné.

— Voulez-vous me faire le plaisir de ne pas parler la bouche pleine ? a dit le directeur.

— Ben, a dit Alceste, j'étais en train de manger un croissant quand il m'a appelé.

— Un crois... Alors on mange en classe maintenant ? a crié le directeur. Eh bien, parfait ! Allez au piquet. Nous réglerons cette question plus tard ; et laissez votre croissant sur la table !

Alors Alceste a fait un gros soupir, il a laissé son croissant sur le bureau de la maîtresse, et il est allé au piquet, où il a commencé à manger la brioche qu'il a sortie de la poche de son pantalon, pendant que M. Kiki essuyait le micro avec sa manche.

— Excusez-les, a dit le directeur, ils sont très jeunes et un peu dissipés.

— Oh ! nous sommes habitués, a dit M. Kiki en rigolant. Pour notre dernière enquête, nous avons interviewé les dockers grévistes. Pas vrai, Pierrot ?

— C'était le bon temps, a dit M. Pierrot.

Et puis, M. Kiki a appelé Eudes.

— Comment t'appelles-tu, mon petit ? il a demandé.

— Eudes ! a crié Eudes, et M. Pierrot a enlevé les choses qu'il avait sur les oreilles.

— Pas si fort, a dit M. Kiki. C'est pour ça qu'on a inventé la radio ; pour se faire entendre très loin sans crier. Allez, on recommence... Comment t'appelles-tu, mon petit ?

— Ben, Eudes, je vous l'ai déjà dit, a dit Eudes.

— Mais non, a dit M. Kiki. Il ne faut pas me dire que tu me l'as déjà dit. Je te demande ton nom, tu me le dis, et c'est tout. Prêt? Pierrot ?... Allez, on recommence... Comment t'appelles-tu, mon petit ?

— Eudes, a dit Eudes.

— On le saura, a dit Geoffroy.

— Dehors, Geoffroy ! a dit le directeur.

— Silence ! a crié M. Kiki.

— Eh ! Préviens quand tu cries ! a dit M. Pierrot, qui a enlevé les choses qu'il avait sur les oreilles. M. Kiki s'est mis la main sur les yeux, il a attendu un petit moment, il a enlevé sa main, et il a demandé à Eudes ce qu'il aimait faire pour se distraire.

— Je suis terrible au foot, a dit Eudes. Je les bats tous.

— C'est pas vrai, j'ai dit, hier t'étais gardien de but, et qu'est-ce qu'on t'a mis !

— Ouais ! a dit Clotaire.

— Rufus avait sifflé hors-jeu ! a dit Eudes.

— Bien sûr, a dit Maixent, il jouait dans ton équipe. Moi, j'ai toujours dit qu'un joueur ne pouvait pas être en même temps arbitre, même si c'est lui qui a le sifflet.

— Tu veux mon poing sur le nez ? a demandé Eudes, et le directeur l'a mis en retenue pour jeudi.

Alors, M. Kiki a dit que c'était dans la boîte, M. Pierrot a tout remis dans la valise, et ils sont partis tous les deux.

A huit heures, ce soir, à la maison, à part Papa et Maman, il y avait M. et Mme Blédurt ; M. et Mme Courteplaque, qui sont nos voisins ; M. Barlier qui travaille dans le même bureau que mon Papa ; il y avait aussi tonton Eugène, et nous étions tous autour de la radio

pour m'écouter parler. Mémé avait été prévenue trop tard et elle n'avait pas pu venir, mais elle écoutait la radio chez elle, avec des amis. Mon Papa était très fier, et il me passait la main sur les cheveux, en faisant : « Hé, hé ! » Tout le monde était bien content !

Mais je ne sais pas ce qui s'est passé, à la radio ; à huit heures, il n'y a eu que de la musique.

Ça m'a surtout fait de la peine pour M. Kiki et M. Pierrot. Ils ont dû être drôlement déçus !

Marie-Edwige

Maman m'a permis d'inviter des copains de l'école à venir goûter à la maison, et j'ai aussi invité Marie-Edwige. Marie-Edwige a des cheveux jaunes, des yeux bleus, et c'est la fille de M. et Mme Courteplaque, qui habitent dans la maison à côté de la nôtre.

Quand les copains sont arrivés, Alceste est tout de suite allé dans la salle à manger, pour voir ce qu'il y avait pour le goûter et, quand il est revenu, il a demandé : « Il y a encore quelqu'un qui doit venir ? J'ai compté les chaises, et ça fait une part de gâteau en plus. » Alors, moi, j'ai dit que j'avais invité Marie-Edwige, et je leur ai expliqué que c'était la fille de M. et Mme Courteplaque, qui habitent la maison à côté de la nôtre.

— Mais c'est une fille ! a dit Geoffroy.

— Ben oui, quoi, je lui ai répondu.

— On joue pas avec les filles, nous, a dit Clotaire ; si elle vient, on ne lui parle pas et on ne joue pas avec elle ; non, mais, sans blague...

— Chez moi, j'invite qui je veux, j'ai dit, et si ça ne te plaît pas, je peux te donner une baffe.

Mais je n'ai pas eu le temps pour le coup de la baffe, parce qu'on a sonné à la porte et Marie-Edwige est entrée.

Elle avait une robe faite dans le même tissu que celui des doubles rideaux du salon, Marie-Edwige, mais en vert foncé, avec un col blanc tout plein de petits trous sur les bords. Elle était très chouette, Marie-Edwige ; mais, ce qui était embêtant, c'est qu'elle avait amené une poupée.

— Eh bien, Nicolas, m'a dit Maman, tu ne présentes pas ta petite amie à tes camarades ?

— Ça, c'est Eudes, j'ai dit ; et puis il y a Rufus, Clotaire, Geoffroy et puis Alceste.

— Et ma poupée, a dit Marie-Edwige, elle s'appelle Chantal ; sa robe est en tussor.

Comme plus personne ne parlait, Maman nous a dit que nous pouvions passer à table, que le goûter était servi.

Marie-Edwige était assise entre Alceste et moi. Maman nous a servi le chocolat et les parts de gâteau ; c'était très bon, mais personne ne faisait de bruit ; on se serait cru en classe, quand vient l'inspecteur. Et puis Marie-Edwige s'est tournée vers Alceste et elle lui a dit :

— Ce que tu manges vite ! Je n'ai jamais vu quelqu'un manger aussi vite que toi ! C'est formidable !

Et puis elle a remué les paupières très vite, plusieurs fois.

Alceste, lui, il ne les a plus remuées du tout, les paupières ; il a regardé Marie-Edwige, il a avalé le gros tas de gâteau qu'il avait dans la bouche, il est devenu tout rouge et puis il a fait un rire bête.

— Bah ! a dit Geoffroy, moi je peux manger aussi vite que lui, même plus vite si je veux !

— Tu rigoles, a dit Alceste.

— Oh ! a dit Marie-Edwige, plus vite qu'Alceste, ça m'étonnerait.

Et Alceste a fait de nouveau son rire bête. Alors Geoffroy a dit :

— Tu vas voir !

Et il s'est mis à manger à toute vitesse son gâteau. Alceste ne pouvait plus faire la course, parce qu'il avait fini sa part de gâteau, mais les autres s'y sont mis.

— J'ai gagné ! a crié Eudes, en envoyant des miettes partout.

— Ça vaut pas, a dit Rufus ; il ne t'en restait presque plus de gâteau, dans ton assiette.

— Sans blague ! a dit Eudes, j'en avais plein !

— Ne me fais pas rigoler, a dit Clotaire ;

c'est moi qui avais le morceau le plus grand, alors celui qui a gagné c'est moi !

J'avais bien envie, de nouveau, de lui donner une baffe, à ce tricheur de Clotaire ; mais Maman est entrée et elle a regardé la table avec de grands yeux :

— Comment ! elle a demandé, vous avez déjà fini le gâteau ?

— Moi, pas encore, a répondu Marie-Edwige, qui mange par petits bouts, et ça prend longtemps, parce qu'avant de les mettre dans sa bouche, les petits morceaux de gâteau, elle les offre à sa poupée ; mais la poupée, bien sûr, elle n'en prend pas.

— Bon, a dit Maman, quand vous aurez fini, vous pourrez aller jouer dans le jardin ; il fait beau.

Et elle est partie.

— T'as le ballon de foot ? m'a demandé Clotaire.

— Bonne idée, a dit Rufus, parce que pour avaler des morceaux de gâteau, vous êtes peut-être très forts ; mais pour le foot, c'est autre chose. Là, je prends le ballon et je dribble tout le monde !

— Ne me fais pas rigoler, a dit Geoffroy.

— Celui qui est terrible pour les galipettes, c'est Nicolas, a dit Marie-Edwige.

— Les galipettes ? a dit Eudes. Je suis le meilleur pour les galipettes. Ça fait des années que je fais des galipettes.

— Tu as un drôle de culot, j'ai dit ; tu sais bien que pour les galipettes, le champion, c'est moi !

— Je te prends ! a dit Eudes.

Et nous sommes tous sortis dans le jardin, avec Marie-Edwige, qui avait enfin fini son gâteau.

Dans le jardin, Eudes et moi nous nous sommes mis tout de suite à faire des galipettes. Et puis Geoffroy a dit qu'on ne savait pas, et il en a fait aussi, des galipettes. Rufus, lui, il n'est vraiment pas très bon, et Clotaire a dû s'arrêter très vite, parce qu'il a perdu dans l'herbe une bille qu'il avait dans sa poche. Marie-Edwige, elle faisait des applaudissements, et

Alceste, d'une main, il mangeait une brioche qu'il avait amenée de chez lui pour après le goûter, et de l'autre il tenait Chantal, la poupée de Marie-Edwige. Ce qui m'a étonné, c'est qu'Alceste offrait des bouts de brioche à la poupée ; d'habitude, il n'offre jamais rien, même aux copains.

Clotaire, qui avait retrouvé sa bille, a dit :

— Et ça, vous savez le faire ?

Et il s'est mis à marcher sur les mains.

— Oh ! a dit Marie-Edwige, c'est formidable !

Le truc de marcher sur les mains, c'est plus difficile que de faire des galipettes ; j'ai essayé, mais je retombais chaque fois. Eudes, il fait ça assez bien et il est resté sur les mains plus longtemps que Clotaire. C'est peut-être parce que Clotaire a dû se remettre à chercher sa bille, qui était tombée encore une fois de sa poche.

— Marcher sur les mains, ça ne sert à rien, a dit Rufus. Ce qui est utile, c'est de savoir grimper aux arbres.

Et Rufus s'est mis à grimper à l'arbre ; et je dois dire que notre arbre n'est pas facile, parce qu'il n'y a pas tellement de branches, et les branches qu'il y a sont tout en haut, près des feuilles.

Alors nous, on a rigolé, parce que Rufus il

tenait l'arbre avec les pieds et les mains, mais il n'avançait pas très vite.

— Pousse-toi, je vais te montrer, a dit Geoffroy.

Mais Rufus ne voulait pas lâcher l'arbre ; alors, Geoffroy et Clotaire ont essayé de grimper les deux à la fois, pendant que Rufus criait :

— Regardez-moi ! Regardez-moi ! Je monte !

C'est une veine que Papa n'ait pas été là, parce qu'il n'aime pas tellement qu'on fasse les guignols avec l'arbre du jardin. Eudes et moi, comme il n'y avait plus de place sur l'arbre, on faisait des galipettes, et Marie-Edwige comptait pour voir qui en faisait plus.

Et puis Mme Courteplaque a crié de son jardin :

— Marie-Edwige ! Viens ! C'est l'heure de ta leçon de piano !

Alors, Marie-Edwige a repris sa poupée des bras d'Alceste, elle nous a fait au revoir de la main et elle est partie.

Rufus, Clotaire et Geoffroy ont lâché l'arbre, Eudes a cessé de faire des galipettes et Alceste a dit :

— Il se fait tard, je m'en vais.

Et ils sont tous partis.

C'était une chouette journée et on a drôlement rigolé ; mais je me demande si Marie-Edwige s'est amusée.

C'est vrai, on n'a pas été très gentils avec Marie-Edwige. On ne lui a presque pas parlé et on a joué entre nous, comme si elle n'avait pas été là.

Philatélies

Rufus est arrivé drôlement content, ce matin, à l'école. Il nous a montré un cahier tout neuf qu'il avait, et sur la première page, en haut à gauche, il y avait un timbre collé. Sur les autres pages, il n'y avait rien.

— Je commence une collection de timbres, nous a dit Rufus.

Et il nous a expliqué que c'était son Papa qui lui avait donné l'idée de faire une collection de timbres ; que ça s'appelait faire de la philatélie, et puis que c'était drôlement utile, parce qu'on apprenait l'histoire et la géographie en regardant les timbres. Son Papa lui avait dit aussi qu'une collection de timbres, ça pouvait valoir des tas et des tas d'argent, et qu'il y avait eu un roi d'Angleterre qui avait une collection qui valait drôlement cher.

— Ce qui serait bien, nous a dit Rufus, c'est que vous fassiez tous collection de timbres ; alors, on pourrait faire des échanges. Papa m'a dit que c'est comme ça qu'on arrive à faire des collections terribles. Mais il ne faut pas que les timbres soient déchirés, et puis surtout il faut qu'ils aient toutes leurs dents.

Quand je suis arrivé à la maison pour déjeuner, j'ai tout de suite demandé à Maman de me donner des timbres.

— Qu'est-ce que c'est encore que cette invention-là ? a demandé Maman. Va te laver les mains et ne me casse pas la tête avec tes idées saugrenues.

— Et pourquoi veux-tu des timbres, bonhomme ? m'a demandé Papa. Tu as des lettres à écrire ?

— Ben non, j'ai dit, c'est pour faire des philatélies, comme Rufus.

— Mais c'est très bien ça ! a dit Papa. La philatélie est une occupation très intéressante ! En faisant collection de timbres, on apprend des tas de choses, surtout l'histoire et la géographie. Et puis, tu sais, une collection bien faite, ça peut valoir très cher. Il y a eu un roi d'Angleterre qui avait une collection qui valait une véritable fortune !

— Oui, j'ai dit. Alors, avec les copains, on va faire des échanges, et on aura des collections terribles, avec des timbres pleins de dents.

— Ouais... a dit Papa. En tout cas, j'aime

60

mieux te voir collectionner des timbres que ces jouets inutiles qui encombrent tes poches et toute la maison. Alors, maintenant tu vas obéir à Maman, tu vas aller te laver les mains, tu vas venir à table, et après déjeuner je vais te donner quelques timbres.

Et après manger, Papa a cherché dans son bureau, et il a trouvé trois enveloppes, d'où il a déchiré le coin où il y avait les timbres.

— Et te voilà en route pour une collection formidable ! m'a dit Papa en rigolant.

Et moi je l'ai embrassé, parce que j'ai le Papa le plus chouette du monde.

Quand je suis arrivé à l'école, cet après-midi, on était plusieurs copains à avoir commencé des collections ; il y avait Clotaire qui avait un timbre, Geoffroy qui en avait un autre et Alceste qui en avait un, mais tout déchiré, minable, plein de beurre, et il y manquait des tas de dents. Moi, avec mes trois timbres, j'avais la collection la plus chouette. Eudes n'avait pas de timbres et il nous a dit qu'on était tous bêtes et que ça ne servait à rien ; que lui, il aimait mieux le foot.

— C'est toi qui es bête, a dit Rufus. Si le roi d'Angleterre avait joué au foot au lieu de faire collection de timbres, il n'aurait pas été riche. Peut-être même qu'il n'aurait pas été roi.

Il avait bien raison, Rufus, mais comme la

cloche a sonné pour entrer en classe, on n'a pas pu continuer à faire des philatélies.

A la récré, on s'est tous mis à faire des échanges.

— Qui veut mon timbre ? a demandé Alceste.

— Tu as un timbre qui me manque, a dit Rufus à Clotaire, je te le change.

— D'accord, a dit Clotaire. Je te change mon timbre contre deux timbres.

— Et pourquoi je te donnerais deux timbres pour ton timbre, je vous prie ? a demandé Rufus. Pour un timbre, je donne un timbre.

— Moi, je changerais bien mon timbre contre un timbre, a dit Alceste.

Et puis le Bouillon s'est approché de nous. Le Bouillon, c'est notre surveillant, et il se méfie quand il nous voit tous ensemble, et comme nous sommes toujours ensemble, parce qu'on est un chouette tas de copains, le Bouillon se méfie tout le temps.

— Regardez-moi bien dans les yeux, il nous a dit, le Bouillon. Qu'est-ce que vous manigancez encore, mauvaise graine ?

— Rien m'sieur, a dit Clotaire. On fait des philatélies, alors on échange des timbres. Un timbre contre deux timbres, des trucs comme ça, pour faire des chouettes collections.

— De la philatélie ? a dit le Bouillon. Mais c'est très bien, ça ! Très bien ! Très instructif, surtout en ce qui concerne l'histoire et la géographie ! Et puis, une bonne collection, ça peut arriver à valoir cher... Il y a eu un roi, je ne sais plus au juste de quel pays, et je ne me souviens pas de son nom, qui avait une collection qui valait une fortune !... Alors, faites vos échanges, mais soyez sages.

Le Bouillon est parti et Clotaire a tendu sa main avec le timbre dedans vers Rufus.

— Alors, c'est d'accord ? a demandé Clotaire.

— Non, a répondu Rufus.

— Moi, c'est d'accord, a dit Alceste.

Et puis Eudes s'est approché de Clotaire, et hop ! il lui a pris le timbre.

— Moi aussi, je vais commencer une collection ! a crié Eudes en rigolant.

Et il s'est mis à courir. Clotaire, lui, il ne rigolait pas, et il courait après Eudes en lui criant de lui rendre son timbre, espèce de voleur. Alors Eudes, sans s'arrêter, il a léché le timbre et il se l'est collé sur le front.

— Hé, les gars ! a crié Eudes. Regardez ! Je suis une lettre ! Je suis une lettre par avion !

Et Eudes a ouvert les bras et il s'est mis à courir en faisant : « Vraom vraom », mais Clotaire a réussi à lui faire un croche-pied, et Eudes est tombé, et ils ont commencé à se bat-

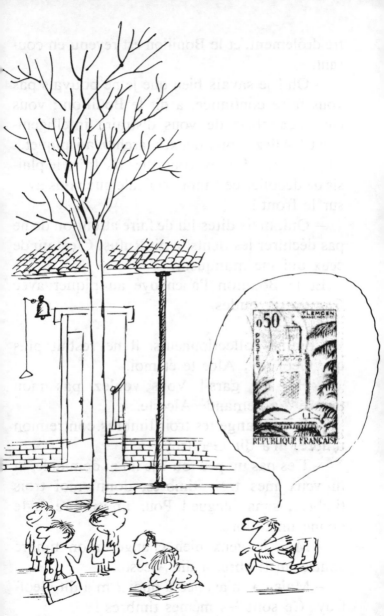

tre drôlement, et le Bouillon est revenu en courant.

— Oh ! je savais bien que je ne pouvais pas vous faire confiance, a dit le Bouillon ; vous êtes incapables de vous distraire intelligemment ! Allez, vous deux, marchez au piquet... Et puis vous, Eudes, vous allez me faire le plaisir de décoller ce timbre ridicule que vous avez sur le front !

— Oui, mais dites-lui de faire attention de ne pas déchirer les dents, a dit Rufus. C'est un de ceux qui me manquent.

Et le Bouillon l'a envoyé au piquet avec Clotaire et Eudes.

Comme collectionneurs, il ne restait plus que Geoffroy, Alceste et moi.

— Hé, les gars ! Vous voulez pas mon timbre ? a demandé Alceste.

— Je te change tes trois timbres contre mon timbre, m'a dit Geoffroy.

— T'es pas un peu fou ? je lui ai demandé. Si tu veux mes trois timbres, donne-moi trois timbres, sans blague ! Pour un timbre je te donne un timbre.

— Moi, je veux bien changer mon timbre contre un timbre, a dit Alceste.

— Mais ça m'avance à quoi ? m'a dit Geoffroy. Ce sont les mêmes timbres !

— Alors, vous n'en voulez pas, de mon timbre ? a demandé Alceste.

— Moi, je suis d'accord pour te donner mes trois timbres, j'ai dit à Geoffroy, si tu me les échanges contre quelque chose de chouette.

— D'accord ! a dit Geoffroy.

— Eh bien, puisque personne n'en veut, de mon timbre, voilà ce que j'en fais ! a crié Alceste, et il a déchiré sa collection.

Quand je suis arrivé à la maison, content comme tout, Papa m'a demandé :

— Alors, jeune philatéliste, ça marche, cette collection ?

— Drôlement, je lui ai dit.

Et je lui ai montré les deux billes que m'avait données Geoffroy.

Je connais
le truc, je
vais vous le
dire

Maixent
le magicien

Les copains, nous sommes invités à goûter chez Maixent, et ça nous a étonnés, parce que Maixent n'invite jamais personne chez lui. Sa maman ne veut pas, mais il nous a expliqué que son oncle, celui qui est marin, mais moi je crois que c'est de la blague et qu'il n'est pas marin du tout, lui a fait cadeau d'une boîte de magie, et faire de la magie ce n'est pas drôle s'il n'y a personne pour regarder, et c'est pour ça que la maman de Maixent lui a permis de nous inviter.

Quand je suis arrivé, tous les copains étaient déjà là, et la maman de Maixent nous a servi le goûter : du thé au lait et des tartines ; pas terrible. Et on regardait tous Alceste, qui mangeait les deux petits pains au chocolat qu'il avait amenés de chez lui, et c'est inutile de lui en demander, parce qu'Alceste, qui est un très bon copain, vous prêtera n'importe quoi, à condition que ça ne se mange pas.

Après le goûter, Maixent nous a fait entrer dans le salon, où il avait mis des chaises en rang, comme chez Clotaire quand son papa nous a fait le guignol ; et Maixent s'est mis derrière une table, et sur la table il y avait la boîte de magie. Maixent a ouvert la boîte ; c'était plein de choses là-dedans, et il a pris une baguette et un gros dé.

— Vous voyez ce dé, a dit Maixent. A part qu'il est très gros, il est comme tous les dés...

— Non, a dit Geoffroy, il est creux, et à l'intérieur il y a un autre dé.

Maixent a ouvert la bouche et il a regardé Geoffroy.

— Qu'est-ce que tu en sais ? a demandé Maixent.

— Je le sais parce que j'ai la même boîte de magie à la maison, a répondu Geoffroy ; c'est mon papa qui me l'a donnée quand j'ai fait douzième en orthographe.

— Alors, il y a un truc ? a demandé Rufus.

— Non, monsieur, il n'y a pas de truc ! a crié Maixent. Ce qu'il y a, c'est que Geoffroy est un sale menteur !

— Parfaitement qu'il est creux, ton dé, a dit Geoffroy, et répète que je suis un sale menteur, et tu auras une baffe !

Mais ils ne se sont pas battus, parce que la maman de Maixent est entrée dans le salon.

Elle nous a regardés, elle est restée un moment, et puis elle est partie en faisant un soupir et en emportant un vase qui était sur la cheminée. Moi, le coup du dé creux, ça m'a intéressé, alors je me suis approché de la table pour voir.

— Non ! a crié Maixent. Non ! Retourne à ta place, Nicolas ! tu n'as pas le droit de voir de près !

— Et pourquoi, je vous prie ? j'ai demandé.

— Parce qu'il y a un truc, c'est sûr, a dit Rufus.

— Ben oui, a dit Geoffroy, le dé est creux, alors, quand tu le mets sur la table, le dé qui est dedans...

— Si tu continues, a crié Maixent, tu retournes chez toi !

Et la maman de Maixent est entrée dans le salon, et elle est ressortie avec une petite statue qui était sur le piano.

Alors, Maixent a laissé le dé et il a pris une espèce de petite casserole.

— Cette casserole est vide, a dit Maixent en nous la montrant.

Et il a regardé Geoffroy, mais Geoffroy était occupé à expliquer le coup du dé creux à Clotaire qui n'avait pas compris.

— Je sais, a dit Joachim, la casserole est vide, et tu vas en faire sortir un pigeon tout blanc.

— S'il y arrive, a dit Rufus, c'est qu'il y a un truc.

— Un pigeon ? a dit Maixent, mais non ! D'où est-ce que tu veux que je sorte un pigeon, imbécile ?

— J'ai vu à la télé un magicien, et il sortait des tas de pigeons de partout, imbécile toi-même ! a répondu Joachim.

— D'abord, a dit Maixent, même si je voulais, je n'aurais pas le droit de sortir un pigeon de la casserole ; ma maman ne veut pas que j'aie des animaux à la maison ; la fois où j'ai amené une souris, ça a fait des histoires. Et qui est un imbécile, je vous prie ?

— C'est dommage, a dit Alceste ; c'est chouette, les pigeons ! C'est pas gros, mais avec des petits pois, c'est terrible ! On dirait du poulet.

— C'est toi, l'imbécile, a dit Joachim à Maixent ; voilà qui est l'imbécile.

Et la maman de Maixent est entrée ; moi je me demande si elle n'écoutait pas derrière la porte, et elle nous a dit d'être sages et de faire attention à la lampe qui était dans le coin.

Quand elle est partie, elle avait l'air drôlement inquiète, la maman de Maixent...

— La casserole, a demandé Clotaire, c'est comme le dé, elle est creuse ?

— Pas toute la casserole, a dit Geoffroy, seulement dans le fond.

— C'est un truc, quoi, a dit Rufus.

Alors, Maixent s'est fâché, il nous a dit que nous n'étions pas des copains et il a fermé sa boîte de magie et il nous a dit qu'il ne nous ferait plus de tours. Et il s'est mis à bouder, et plus personne n'a rien dit. Alors, la maman de Maixent est entrée en courant.

— Qu'est-ce qui se passe ici ? elle a crié. Je ne vous entends plus.

— C'est eux, a dit Maixent ; ils ne me laissent pas faire des tours !

— Écoutez, les enfants, a dit la maman de Maixant. Je veux bien que vous vous amusiez, mais il faut que vous soyez sages. Sinon, vous rentrerez chez vous. Maintenant, je dois sortir faire une course, je compte sur vous pour être de grands garçons très raisonnables ; et faites attention à la pendule qui est sur la commode.

Et la maman de Maixent nous a regardés encore un coup, et elle est partie en bougeant la tête comme pour faire non, avec les yeux vers le plafond.

— Bon, a dit Maixent. Vous voyez cette boule blanche ? Eh bien, je vais la faire disparaître.

— C'est un truc ? a demandé Rufus.

— Oui, a dit Geoffroy, il va la cacher et la mettre dans sa poche.

— Non, monsieur ! a crié Maixent ; non, monsieur ! Je vais la faire disparaître. Parfaitement !

— Mais non, a dit Geoffroy, tu ne la feras pas disparaître, puisque je te dis que tu vas la mettre dans ta poche !

— Alors, il va la faire disparaître, ou non, sa boule blanche ? a demandé Eudes.

— Parfaitement que je pourrais la faire disparaître, la boule, a dit Maixent, si je voulais ; mais je ne veux pas, parce que vous n'êtes pas des copains, et voilà tout ! Et maman a raison de dire que vous êtes des tas de vandales !

— Ah ! Qu'est-ce que je disais, a crié Geoffroy ; pour faire disparaître la boule, il faudrait être un vrai magicien, et pas un minable !

Alors, Maixent s'est fâché et il a couru vers Geoffroy pour lui donner une claque, et Geoffroy, ça ne lui a pas plu, alors il a jeté la boîte de magie par terre, il s'est mis très en colère, et avec Maixent ils ont commencé à se donner des tas de baffes. Nous, on rigolait bien, et puis la maman de Maixent est entrée dans le salon. Elle n'avait pas l'air contente du tout.

— Tous chez vous ! Tout de suite ! elle nous a dit la maman de Maixent.

Alors, nous sommes partis, et moi j'étais assez déçu, même si on a passé un chouette après-midi, parce que j'aurais bien aimé voir Maixent faire ses tours de magie.

— Bah ! a dit Clotaire, moi je crois que Rufus a raison ; Maixent, ce n'est pas comme les vrais magiciens de la télé ; lui, ce n'est que des trucs.

Et le lendemain à l'école, Maixent était encore fâché avec nous, parce qu'il paraît que quand il a ramassé sa boîte de magie, il a vu que la boule blanche avait disparu.

Elle a un double fond

La pluie

Moi, j'aime bien la pluie quand elle est très, très forte, parce qu'alors je ne vais pas à l'école et je reste à la maison et je joue au train électrique. Mais aujourd'hui, il ne pleuvait pas assez et j'ai dû aller en classe.

Mais vous savez, avec la pluie, on rigole quand même ; on s'amuse à lever la tête et à ouvrir la bouche pour avaler des gouttes d'eau, on marche dans les flaques et on y donne des grands coups de pied pour éclabousser les copains, on s'amuse à passer sous les gouttières, et ça fait froid comme tout quand l'eau vous rentre dans le col de la chemise, parce que, bien sûr, ça ne vaut pas de passer sous les gouttières avec l'imperméable boutonné jusqu'au cou. Ce qui est embêtant, c'est que pour la récré on ne nous laisse pas descendre dans la cour pour qu'on ne se mouille pas.

En classe, la lumière était allumée, et ça faisait drôle, et une chose que j'aime bien, c'est de regarder sur les fenêtre les gouttes d'eau qui font la course pour arriver jusqu'en bas. On dirait des rivières. Et puis la cloche a sonné, et la maîtresse nous a dit : « Bon, c'est la récréation ; vous pouvez parler entre vous, mais soyez sages. »

Alors, on a tous commencé à parler à la fois, et ça faisait un drôle de bruit ; il fallait crier fort pour se faire écouter et la maîtresse a fait un soupir, elle s'est levée et elle est sortie dans le couloir, en laissant la porte ouverte, et elle s'est mise à parler avec les autres maîtresses, qui ne sont pas aussi chouettes que la nôtre, et c'est pour ça qu'on essaie de ne pas trop la faire enrager.

— Allez, a dit Eudes. On joue à la balle au chasseur ?

— T'es pas un peu fou ? a dit Rufus. Ça va faire des histoires avec la maîtresse, et puis c'est sûr, on va casser une vitre !

— Ben, a dit Joachim, on n'a qu'à ouvrir les fenêtres !

Ça, c'était une drôlement bonne idée, et nous sommes tous allés ouvrir les fenêtres, sauf Agnan qui repassait sa leçon d'histoire en la lisant tout haut, les mains sur les oreilles. Il est fou, Agnan ! Et puis, on a ouvert la fenêtre ; c'était chouette parce que le vent soufflait vers la classe et on s'est amusés à recevoir l'eau sur la figure, et puis on a entendu un grand cri : c'était la maîtresse qui venait d'entrer.

— Mais vous êtes fous ! elle a crié, la maîtresse. Voulez-vous fermer ces fenêtres tout de suite !

— C'est à cause de la balle au chasseur, mademoiselle, a expliqué Joachim.

Alors, la maîtresse nous a dit qu'il n'était pas question que nous jouions à la balle, elle nous a fait fermer les fenêtres et elle nous a dit de nous asseoir tous. Mais ce qui était embêtant, c'est que les bancs qui étaient près des fenêtres étaient tout mouillés, et l'eau, si c'est chouette de la recevoir sur la figure, c'est embêtant de s'asseoir dedans. La maîtresse a levé les bras, elle a dit que nous étions insupportables et elle a dit qu'on s'arrange pour nous caser sur les bancs secs. Alors, ça a fait un peu de bruit, parce que chacun cherchait à s'asseoir, et il y avait des bancs où il y avait cinq copains, et à plus de trois copains on est très serrés sur les bancs. Moi, j'étais avec Rufus, Clotaire et Eudes. Et puis la maîtresse a frappé avec sa règle sur son bureau et elle a crié : « Silence ! » Plus personne n'a rien dit, sauf Agnan qui n'avait pas entendu et qui continuait à repasser sa leçon d'histoire. Il faut dire qu'il était tout seul sur son banc, parce que personne n'a envie de s'asseoir à côté de ce sale chouchou, sauf pendant les compositions. Et puis Agnan a levé la tête, il a vu la maîtresse et il s'est arrêté de parler.

— Bien, a dit la maîtresse. Je ne veux plus vous entendre. A la moindre incartade, je sévirai ! Compris ? Maintenant, répartissez-vous un peu mieux sur les bancs, et en silence !

Alors, on s'est tous levés, et sans rien dire nous avons changé de place ; ce n'était pas le moment de faire les guignols, elle avait l'air drôlement fâchée, la maîtresse ! Je me suis assis avec Geoffroy, Maixent, Clotaire et Alceste, et on n'était pas très bien parce qu'Alceste prend une place terrible et il fait des miettes partout avec ses tartines. La maîtresse nous a regardés un bon coup, elle a fait un gros soupir et elle est sortie de nouveau parler aux autres maîtresses.

Et puis Geoffroy s'est levé, il est allé vers le tableau noir, et avec la craie il a dessiné un bonhomme amusant comme tout, même s'il lui

manquait le nez, et il a écrit : « Maixent est un imbécile. » Ça, ça nous a tous fait rigoler, sauf Agnan qui s'était remis à son histoire et Maixent qui s'est levé et qui est allé vers Geoffroy pour lui donner une claque. Geoffroy, bien sûr, s'est défendu, mais on était à peine tous debout en train de crier, que la maîtresse est entrée en courant, et elle était toute rouge, avec de gros yeux ; je ne l'avais pas vue aussi fâchée depuis au moins une semaine. Et puis, quand elle a vu le tableau noir, ça a été pire que tout.

— Qui a fait ça ? a demandé la maîtresse.

— C'est Geoffroy, a répondu Agnan.

— Espèce de sale cafard ! a crié Geoffroy, tu vas avoir une baffe, tu sais !

— Ouais ! a crié Maixent. Vas-y, Geoffroy !

Alors, ç'a été terrible. La maîtresse s'est mise drôlement en colère, elle a tapé avec sa règle des tas de fois sur son bureau. Agnan s'est mis à crier et à pleurer, il a dit que personne ne l'aimait, que c'était injuste, que tout le monde profitait de lui, qu'il allait mourir et se plaindre à ses parents, et tout le monde était debout, et tout le monde criait ; on rigolait bien.

— Assis ! a crié la maîtresse. Pour la dernière fois, assis ! Je ne veux plus vous entendre ! Assis !

Alors, on s'est assis. J'étais avec Rufus, Maixent et Joachim, et le directeur est entré dans la classe.

— Debout ! a dit la maîtresse.

— Assis ! a dit le directeur.

Et puis il nous a regardés et il a demandé à la maîtresse :

— Que se passe-t-il ici ? On entend crier vos élèves dans toute l'école ! C'est insupportable ! Et puis, pourquoi sont-il assis à quatre ou cinq par banc, alors qu'il y a des bancs vides ? Que chacun retourne à sa place !

On s'est tous levés, mais la maîtresse a expliqué au directeur le coup des bancs mouillés. Le directeur a eu l'air étonné et il a dit que bon, qu'on revienne aux places que nous venions de quitter. Alors, je me suis assis avec Alceste, Rufus, Clotaire, Joachim et Eudes ; on était drôlement serrés. Et puis le directeur a montré le tableau noir du doigt et il a demandé :

— Qui a fait ça ? Allons, vite !

Et Agnan n'a pas eu le temps de parler, parce que Geoffroy s'est levé en pleurant et en disant que ce n'était pas de sa faute.

— Trop tard pour les regrets et les pleurnicheries, mon petit ami, a dit le directeur. Vous êtes sur une mauvaise pente : celle qui conduit au bagne ; mais moi je vais vous faire perdre l'habitude d'utiliser un vocabulaire grossier et d'insulter vos condisciples ! Vous allez me copier cinq cents fois ce que vous avez écrit sur le tableau. Compris ?... Quant à vous autres, et bien que la pluie ait cessé, vous ne descendrez pas dans la cour de récréation aujourd'hui. Ça vous apprendra un peu le respect de la discipline ; vous resterez en classe sous la surveillance de votre maîtresse !

Et quand le directeur est parti, quand on s'est rassis, avec Geoffroy et Maixent, à notre banc, on s'est dit que la maîtresse était vraiment chouette, et qu'elle nous aimait bien, nous qui, pourtant, la faisions quelquefois enrager. C'était elle qui avait l'air la plus embêtée de nous tous quand elle a su qu'on n'aurait pas le droit de descendre dans la cour aujourd'hui !

Les échecs

Dimanche, il faisait froid et il pleuvait, mais
moi ça ne me gênait pas, parce que j'étais
invité à goûter chez Alceste, et Alceste c'est un
bon copain qui est très gros et qui aime beaucoup manger, et avec Alceste on rigole toujours, même quand on se dispute.

Quand je suis arrivé chez Alceste, c'est sa
maman qui m'a ouvert la porte, parce
qu'Alceste et son papa étaient déjà à table et
ils m'attendaient pour goûter.

— T'es en retard, m'a dit Alceste.

— Ne parle pas la bouche pleine, a dit son
papa, et passe-moi le beurre.

Pour le goûter, on a eu chacun deux bols de
chocolat, un gâteau à la crème, du pain grillé
avec du beurre et de la confiture, du saucisson,
du fromage, et quand on a fini, Alceste a
demandé à sa maman si on pouvait avoir un
peu de cassoulet qui restait de midi, parce qu'il
voulait me le faire essayer ; mais sa maman a

répondu que non, que ça nous couperait l'appétit pour le dîner, et que d'ailleurs il ne restait plus de cassoulet de midi. Moi, de toute façon, je n'avais plus très faim.

Et puis on s'est levés pour aller jouer, mais la maman d'Alceste nous a dit qu'on devrait être très sages, et surtout ne pas faire de désordre dans la chambre, parce qu'elle avait passé toute la matinée à ranger.

— On va jouer au train, aux petites autos, aux billes et avec le ballon de foot, a dit Alceste.

— Non, non et non ! a dit la maman d'Alceste. Je ne veux pas que ta chambre soit un fouillis. Trouvez des jeux plus calmes !

— Ben quoi, alors ? a demandé Alceste.

— Moi j'ai une idée, a dit le papa d'Alceste. Je vais vous apprendre le jeu le plus intelligent qui soit ! Allez dans votre chambre, je vous rejoins.

Alors, nous sommes allés dans la chambre d'Alceste, et c'est vrai que c'était drôlement bien rangé, et puis son papa est arrivé avec un jeu d'échecs sous le bras.

— Des échecs ? a dit Alceste. Mais on ne sait pas y jouer !

— Justement, a dit le papa d'Alceste, je vais vous apprendre ; vous verrez, c'est formidable !

Et c'est vrai que c'est très intéressant, les échecs ! Le papa d'Alceste nous a montré comment on range les pièces sur le damier (aux dames, je suis terrible !), il nous a montré les pions, les tours, les fous, les chevaux, le roi et la reine, il nous a dit comment il fallait les faire avancer, et ça c'est pas facile, et aussi comment il fallait faire pour prendre les pièces de l'ennemi.

— C'est comme une bataille avec deux armées, a dit le papa d'Alceste, et vous êtes les généraux.

Et puis le papa d'Alceste a pris un pion dans chaque main, il a fermé les poings, il m'a donné à choisir, j'ai eu les blanches et on s'est mis à jouer. Le papa d'Alceste, qui est très chouette, est resté avec nous pour nous donner des conseils et nous dire quand on se trompait. La maman d'Alceste est venue, et elle avait

l'air contente de nous voir assis autour du pupitre d'Alceste en train de jouer. Et puis le papa d'Alceste a bougé un fou et il a dit en rigolant que j'avais perdu.

— Bon, a dit le papa d'Alceste, je crois que vous avez compris. Alors, maintenant, Nicolas va prendre les noires et vous allez jouer tout seuls.

Et il est parti avec la maman d'Alceste en lui disant que le tout c'était de savoir y faire, et est-ce que vraiment il ne restait pas un fond de cassoulet.

Ce qui était embêtant avec les pièces noires, c'est qu'elles étaient un peu collantes, à cause de la confiture qu'Alceste a toujours sur les doigts.

— La bataille commence, a dit Alceste. En avant ! Baoum !

Et il a avancé un pion. Alors moi j'ai fait avancer mon cheval, et le cheval, c'est le plus difficile à faire marcher, parce qu'il va tout droit et puis après il va de côté, mais c'est aussi le plus chouette, parce qu'il peut sauter.

— Lancelot n'a pas peur des ennemis ! j'ai crié.

— En avant ! Vroum boum boum, vroum boum ! a répondu Alceste en faisant le tambour et en poussant plusieurs pions avec le dos de la main.

— Hé ! j'ai dit. T'as pas le droit de faire ça !

— Défends-toi comme tu peux, canaille ! a crié Alceste, qui est venu avec moi voir un film plein de chevaliers et de châteaux forts, dans la télévision, jeudi, chez Clotaire. Alors, avec les deux mains, j'ai poussé mes pions aussi, en faisant le canon et la mitrailleuse, ratatatatat, et quand mes pions ont rencontré ceux d'Alceste, il y en a des tas qui sont tombés.

— Minute, m'a dit Alceste, ça vaut pas, ça ! Tu as fait la mitrailleuse, et dans ce temps-là il n'y en avait pas. C'est seulement le canon, boum ! ou les épées, tchaf, tchaf ! Si c'est pour tricher, c'est pas la peine de jouer.

Comme il avait raison, Alceste, je lui ai dit d'accord, et nous avons continué à jouer aux échecs. J'ai avancé mon fou, mais j'ai eu du mal, à cause de tous les pions qui étaient tombés sur le damier, et Alceste avec son doigt, comme pour jouer aux billes, bing ! il a envoyé mon fou contre mon cheval, qui est tombé. Alors moi j'ai fait la même chose avec ma tour, que j'ai envoyée contre sa reine.

— Ça vaut pas, m'a dit Alceste. La tour, ça avance tout droit, et toi tu l'as envoyée de côté, comme un fou !

— Victoire ! j'ai crié. Nous les tenons ! En avant, braves chevaliers ! Pour le roi Arthur ! Boum ! Boum !

Et avec les doigts, j'ai envoyé des tas de pièces ; c'était terrible.

— Attends, m'a dit Alceste. Avec les doigts, c'est trop facile ; si on faisait ça avec des billes ? Les billes, ça serait des balles, boum, boum !

— Oui, j'ai dit, mais on n'aura pas de place sur le damier.

— Ben, c'est bien simple, a dit Alceste. Toi, tu vas te mettre d'un côté de la chambre et moi je me mettrai à l'autre bout. Et puis ça vaut de cacher les pièces derrière les pattes du lit, de la chaise et du pupitre.

Et puis Alceste est allé chercher les billes dans son armoire, qui était moins bien rangée que sa chambre ; il y a des tas de choses qui sont tombées sur le tapis, et moi j'ai mis un pion noir dans une main et un pion blanc dans l'autre, j'ai fermé les poings et j'ai donné à choisir à Alceste, qui a eu les blanches. On a commencé à envoyer les billes en faisant « boum ! » chaque fois, et comme nos pièces étaient bien cachées, c'était difficile de les avoir.

— Dis donc, j'ai dit, si on prenait les wagons de ton train et les petites autos pour faire les tanks ?

Alceste a sorti le train et les autos de l'armoire, on a mis les soldats dedans et on a fait avancer les tanks, vroum, vroum.

— Mais, a dit Alceste, on arrivera jamais à toucher les soldats avec les billes, s'ils sont dans les tanks.

— On peut les bombarder, j'ai dit.

Alors, on a fait les avions avec les mains pleines de billes, on faisait vraoum, et puis quand on passait au-dessus des tanks, on lâchait les billes, boum ! Mais les billes, ça ne leur faisait rien, aux wagons et aux autos ; alors, Alceste est allé chercher son ballon de foot et il m'a donné un autre ballon, rouge et

bleu, qu'on lui avait acheté pour aller à la plage, et on a commencé à jeter nos ballons contre les tanks et c'était formidable ! Et puis Alceste a shooté trop fort, et le ballon de foot est allé frapper contre la porte, il est revenu sur le pupitre où il a fait tomber la bouteille d'encre, et la maman d'Alceste est entrée.

Elle était drôlement fâchée, la maman d'Alceste ! Elle a dit à Alceste que ce soir, pour le dîner, il serait privé de reprendre du dessert, et elle m'a dit qu'il se faisait tard et que je ferais mieux de rentrer chez ma pauvre mère. Et quand je suis parti, ça criait encore chez Alceste, qui se faisait gronder par son papa.

C'est dommage qu'on n'ait pas pu continuer, parce que c'est très chouette le jeu d'échecs ! Dès qu'il fera beau, nous irons y jouer dans le terrain vague.

Parce que, bien sûr, ce n'est pas un jeu pour jouer à l'intérieur d'une maison, les échecs, vroum, boum, boum !

Les docteurs

Quand je suis entré dans la cour de l'école, ce matin, Geoffroy est venu vers moi, l'air tout embêté. Il m'a dit qu'il avait entendu les grands dire que des docteurs allaient venir pour nous faire des radios. Et puis les autres copains sont arrivés.

— C'est des blagues, a dit Rufus. Les grands racontent toujours des blagues.

— Qu'est-ce qui est des blagues ? a demandé Joachim.

— Que des docteurs vont venir ce matin nous faire des vaccinations, a répondu Rufus.

— Tu crois que c'est pas vrai ? a dit Joachim, drôlement inquiet.

— Qu'est-ce qui n'est pas vrai ? a demandé Maixent.

— Que des docteurs vont venir nous faire des opérations, a répondu Joachim.

— Mais je veux pas, moi ! a crié Maixent.

— Qu'est-ce que tu veux pas ? a demandé Eudes.

— Je veux pas qu'on m'enlève l'appendicite, a répondu Maixent.

— C'est quoi, l'appendicite ? a demandé Clotaire.

— C'est ce qu'on m'a enlevé quand j'étais petit, a répondu Alceste ; alors, vos docteurs, moi, ils me font bien rigoler. Et il a rigolé.

Et puis le Bouillon — c'est notre surveillant — a sonné la cloche et on s'est mis en rangs.

On était tous très embêtés, sauf Alceste qui rigolait et Agnan qui n'avait rien entendu parce qu'il repassait ses leçons. Quand nous sommes entrés en classe, la maîtresse nous a dit :

— Mes enfants, ce matin, des docteurs vont venir pour...

Et elle n'a pas pu continuer, parce qu'Agnan s'est levé d'un coup.

— Des docteurs ? a crié Agnan. Je ne veux pas aller chez les docteurs ! Je n'irai pas chez les docteurs ! Je me plaindrai ! Et puis je ne peux pas aller chez les docteurs, je suis malade !

La maîtresse a tapé avec sa règle sur son bureau, et pendant qu'Agnan pleurait, elle a continué :

— Il n'y a vraiment pas de raison de s'alarmer, ni d'agir comme des bébés. Les docteurs vont tout simplement vous passer à la radio, ça ne fait pas mal du tout et...

— Mais, a dit Alceste, moi on m'a dit qu'ils venaient pour enlever les appendicites ! Les appendicites je veux bien, moi, mais les radios, je ne marche pas !

— Les appendicites ? a crié Agnan, et il s'est roulé par terre.

La maîtresse s'est fâchée, elle a tapé encore avec sa règle sur son bureau, elle a dit à Agnan de se tenir tranquille s'il ne voulait pas qu'elle lui mette un zéro en géographie (c'était l'heure de géographie) et elle a dit que le premier qui parlerait encore, elle le ferait renvoyer de l'école. Alors, plus personne n'a rien dit, sauf la maîtresse :

— Bien, elle a dit. La radio, c'est tout simplement une photo pour voir si vos poumons sont en bon état. D'ailleurs, vous êtes déjà sûrement passés à la radio, et vous savez ce que c'est. Donc, inutile de faire des histoires ; ça ne servirait à rien.

— Mais, mademoiselle, a commencé Clotaire, mes poumons...

— Laissez vos poumons tranquilles et venez plutôt au tableau nous dire ce que vous savez au sujet des affluents de la Loire, lui a dit la maîtresse.

Clotaire avait fini d'être interrogé, et il était

à peine allé au piquet, que le Bouillon est entré.

— C'est au tour de votre classe, mademoi-selle, a dit le Bouillon.

— Parfait, a dit la maîtresse. Debout, en silence, et en rangs.

— Même les punis ? a demandé Clotaire.

Mais la maîtresse n'a pas pu lui répondre, parce qu'Agnan s'était remis à pleurer et à crier qu'il n'irait pas, et que si on l'avait prévenu il aurait amené une excuse de ses parents, et qu'il en amènerait une demain, et il se tenait des deux mains à son banc, et il donnait des coups de pied partout. Alors, la maîtresse a fait un soupir et elle s'est approchée de lui.

— Écoute, Agnan, lui a dit la maîtresse. Je t'assure qu'il n'y a pas de quoi avoir peur. Les docteurs ne te toucheront même pas ; et puis tu verras, c'est amusant : les docteurs sont venus dans un grand camion, et on entre dans le camion en montant un petit escalier. Et dans le camion, c'est plus joli que tout ce que tu as vu. Et puis, tiens : si tu es sage, je te promets de t'interroger en arithmétique.

— Sur les fractions ? a demandé Agnan.

La maîtresse lui a répondu que oui, alors Agnan a lâché son banc et il s'est mis en rang avec nous en tremblant drôlement et en faisant « hou-hou-hou » tout bas et tout le temps.

Quand nous sommes descendus dans la

cour, nous avons croisé les grands qui retournaient en classe.

— Hé ! Ça fait mal ? leur a demandé Geoffroy.

— Terrible ! a répondu un grand. Ça brûle, et ça pique, et ça griffe, et ils y vont avec des grands couteaux et il y a du sang partout !

Et tous les grands sont partis en rigolant, et Agnan s'est roulé par terre et il a été malade, et il a fallu que le Bouillon vienne le prendre dans ses bras pour l'emmener à l'infirmerie. Devant la porte de l'école, il y avait un camion blanc, grand comme tout, avec un petit escalier pour monter à l'arrière et un autre pour descendre, sur le côté, en avant. Très chouette. Le directeur parlait avec un docteur qui avait un tablier blanc.

SANITAIRE

— Ce sont ceux-là, a dit le directeur, ceux dont je vous ai parlé.

— Ne vous inquiétez pas, Monsieur le Directeur, a dit le docteur, nous sommes habitués ; avec nous, ils marcheront droit. Tout va se passer dans le calme et le silence.

Et puis on a entendu des cris terribles ; c'était le Bouillon qui arrivait en traînant Agnan par le bras.

— Je crois, a dit le Bouillon, que vous devriez commencer par celui-ci ; il est un peu nerveux.

Alors, un des docteurs a pris Agnan dans ses bras, et Agnan lui donnait des tas de coups de pied en disant qu'on le lâche, qu'on lui avait promis que les docteurs ne le toucheraient pas, que tout le monde mentait et qu'il allait se plaindre à la police. Et puis le docteur est entré dans le camion avec Agnan, on a encore entendu des cris et puis une grosse voix qui a dit : « Cesse de bouger ! Si tu continues à gigoter, je t'emmène à l'hôpital ! » Et puis il y a eu des « hou-hou-hou », et on a vu descendre Agnan par la porte de côté, avec un grand sourire sur la figure, et il est rentré dans l'école en courant.

— Bon, a dit un des docteurs en s'essuyant la figure. Les cinq premiers, en avant ! Comme des petits soldats !

Et comme personne n'a bougé, le docteur en a montré cinq du doigt.

— Toi, toi, toi, toi et toi, a dit le docteur.

— Pourquoi nous et pas lui ? a demandé Geoffroy en montrant Alceste.

— Ouais ! nous avons dit, Rufus, Clotaire, Maixent et moi.

— Le docteur a dit toi, toi, toi, toi et toi, a dit Alceste. Il n'a pas dit moi. Alors, c'est à toi d'y aller, et à toi, et à toi, et à toi, et à toi ! Pas à moi !

— Oui ? Eh ben si toi t'y vas pas, ni lui, ni lui, ni lui, ni lui, ni moi n'y allons ! a répondu Geoffroy.

SANITAIRE

— C'est pas un peu fini ? a crié le docteur. Allez, vous cinq, montez ! Et en vitesse !

Alors, nous sommes montés : c'était très chouette dans le camion ; un docteur a inscrit nos noms, on nous a fait enlever nos chemises, on nous a mis l'un après l'autre derrière un morceau de verre et on nous a dit que c'était fini et qu'on remette nos chemises.

— Il est chouette, le camion ! a dit Rufus.

— T'as vu la petite table ? a dit Clotaire.

— Pour faire des voyages, ça doit être terrible ! j'ai dit.

— Et ça, ça marche comment ? a demandé Maixent.

— Ne touchez à rien ! a crié un docteur. Et descendez ! Nous sommes pressés ! Allez, ouste... Non ! Pas par-derrière ! Par là ! Par là !

Mais comme Geoffroy, Clotaire et Maixent étaient allés derrière pour descendre, ça a fait un drôle de désordre avec les copains qui montaient. Et puis le docteur qui était à la porte de derrière a arrêté Rufus qui avait fait le tour et qui voulait remonter dans le camion, et il lui a demandé s'il n'était pas déjà passé à la radio.

— Non, a dit Alceste, c'est moi qui suis déjà passé à la radio.

— Tu t'appelles comment ? a demandé le docteur.

— Rufus, a dit Alceste.

— Ça me ferait mal ! a dit Rufus.

— Vous, là-bas ! ne montez pas par la porte de devant ! a crié un docteur.

Et les docteurs ont continué à travailler avec des tas de copains qui montaient et qui descendaient, et avec Alceste qui expliquait à un docteur que lui c'était pas la peine, puisqu'il n'avait plus d'appendicite. Et puis le chauffeur du camion s'est penché et il a demandé s'il pouvait y aller, qu'ils étaient drôlement en retard.

— Vas-y ! a crié un docteur dans le camion. Ils sont tous passés sauf un : Alceste, qui doit être absent !

Et le camion est parti, et le docteur qui discutait avec Alceste sur le trottoir s'est retourné, et il a crié : « Hé ! Attendez-moi ! attendez-moi ! » Mais ceux du camion ne l'ont pas entendu, peut-être parce qu'on criait tous.

Il était furieux, le docteur ; et pourtant, les docteurs et nous, on était quittes, puisqu'ils nous avaient laissé un de leurs docteurs, mais qu'ils avaient emporté un de nos copains : Geoffroy, qui était resté dans le camion.

La nouvelle librairie

Il y a une nouvelle librairie qui s'est ouverte, tout près de l'école, là où il y avait la blanchisserie avant, et à la sortie, avec les copains, on est allé voir.

La vitrine de la librairie est très chouette, avec des tas de revues, de journaux, de livres, de stylos, et nous sommes entrés et le monsieur de la librairie, quand il nous a vus, il a fait un gros sourire et il a dit :

— Tiens, tiens ! Voici des clients. Vous venez de l'école à côté ? Je suis sûr que nous deviendrons bon amis. Moi, je m'appelle M. Escarbille.

— Et moi, Nicolas, j'ai dit.

— Et moi, Rufus, a dit Rufus.

— Et moi, Geoffroy, a dit Geoffroy.

— Vous avez la revue *Problèmes économico-sociologiques du monde occidental* ? a demandé un monsieur qui venait d'entrer.

— Et moi, Maixent, a dit Maixent.

— Oui, euh... c'est très bien, mon petit, a dit M. Escarbille... Je vous sers tout de suite, monsieur ; et il s'est mis à chercher dans un tas de revues, et Alceste lui a demandé :

— Ces cahiers, là, vous les vendez à combien ?

— Hmm ? Quoi ? a dit M. Escarbille. Ah ! ceux-là ? Cinquante francs, mon petit.

— A l'école, on nous les vend trente francs, a dit Alceste.

M. Escarbille s'est arrêté de chercher la revue du monsieur, il s'est retourné et il a dit :

— Comment, trente francs ? Les cahiers quadrillés à 100 pages ?

— Ah ! non, a dit Alceste ; ceux de l'école ont 50 pages. Je peux le voir, ce cahier ?

— Oui, a dit M. Escarbille, mais essuie-toi les mains ; elles sont pleines de beurre à cause de tes tartines.

— Alors, vous l'avez ou vous ne l'avez pas, ma revue *Problèmes économico-sociologiques du monde occidental ?* a demandé le monsieur.

— Mais oui, monsieur, mais oui, je la trouve tout de suite, a dit M. Escarbille. Je viens de m'installer et je ne suis pas encore bien organisé... Qu'est-ce que tu fais là, toi ?

Et Alceste, qui était passé derrière le comptoir, lui a dit :

— Comme vous étiez occupé, je suis allé le

prendre moi-même, le cahier où vous dites qu'il y a 100 pages.

— Non ! Ne touche pas ! Tu vas faire tout tomber ! a crié M. Escarbille. J'ai passé toute la nuit à ranger... Tiens, le voilà, le cahier, et ne fais pas de miettes avec ton croissant !

Et puis M. Escarbille a pris une revue et il a dit :

— Ah ! voilà les *Problèmes économico-sociologiques du monde occidental*. Mais comme le monsieur qui voulait acheter la

revue était parti, M. Escarbille a poussé un gros soupir et il a remis la revue à sa place.

— Tiens ! a dit Rufus en mettant son doigt sur une revue, ça, c'est la revue que lit maman toutes les semaines.

— Parfait, a dit M. Escarbille ; eh bien, maintenant, ta maman pourra l'acheter ici, sa revue.

— Ben non, a dit Rufus. Ma maman, elle ne l'achète jamais, la revue. C'est Mme Boitafleur, qui habite à côté de chez nous, qui donne la revue à maman, après l'avoir lue. Et Mme Boitafleur, elle ne l'achète pas non plus, la revue ; elle la reçoit par la poste toutes les semaines.

M. Escarbille a regardé Rufus sans rien dire, et Geoffroy m'a tiré par le bras et il m'a dit : « Viens voir. » Et je suis allé, et contre le mur il y avait des tas et des tas d'illustrés. Terrible ! On a commencé à regarder les couvertures, et puis on a tourné les couvertures pour voir l'intérieur, mais on ne pouvait pas bien ouvrir, à cause des pinces qui tenaient les revues ensemble. On n'a pas osé enlever les pinces, parce que ça n'aurait peut-être pas plu à M. Escarbille, et nous ne voulions pas le déranger.

— Tiens, m'a dit Geoffroy, celui-là, je l'ai. C'est une histoire avec des aviateurs, vroummm. Il y en a un, il est très brave, mais chaque fois, il y a des types qui veulent faire des choses à son avion pour qu'il tombe ; mais quand l'avion tombe, c'est pas l'aviateur qui est dedans, mais un copain. Alors, tous les autres copains croient que c'est l'aviateur qui a fait tomber l'avion pour se débarrasser de son copain, mais c'est pas vrai, et l'aviateur, après, il découvre les vrais bandits. Tu ne l'as pas lue ?

— Non, j'ai dit. Moi, j'ai lu l'histoire avec le cow-boy et la mine abandonnée, tu sais ? Quand il arrive, il y a des types masqués qui se mettent à tirer sur lui. Bang ! bang ! bang ! bang !

— Qu'est-ce qui se passe ? a crié M. Escarbille, qui était occupé à dire à Clotaire de ne pas s'amuser avec la chose qui tourne, là où on met les livres pour que les gens les choisissent et les achètent.

— Je lui explique une histoire que j'ai lue, j'ai dit à M. Escarbille.

— Vous ne l'avez pas ? a demandé Geoffroy.

— Quelle histoire ? a demandé M. Escarbille, qui s'est repeigné avec les doigts.

— C'est un cow-boy, j'ai dit, qui arrive dans une mine abandonnée. Et dans la mine, il y a des types qui l'attendent, et...

— Je l'ai lue ! a crié Eudes. Et les types se mettent à tirer : Bang ! bang ! bang !...

— ... Bang ! Et puis le shérif, il dit : « Salut étranger », j'ai dit : « nous n'aimons pas les curieux, ici... ».

— Oui, a dit Eudes, alors le cow-boy, il sort son revolver, et bang ! bang ! bang !

— Assez ! a dit M. Escarbille.

— Moi, j'aime mieux mon histoire d'aviateur, a dit Geoffroy. Vroumm ! baoumm !

— Tu me fais rigoler, avec ton histoire d'aviateur, j'ai dit. A côté de mon histoire de cow-boy, elle est drôlement bête, ton histoire d'aviateur !

— Ah ! oui ? a dit Geoffroy, eh bien, ton histoire de cow-boy, elle est plus bête que tout, tiens !

— Tu veux un coup de poing sur le nez ? a demandé Eudes.

— Les enfants !... a crié M. Escarbille.

Et puis on a entendu un drôle de bruit, et toute la chose avec les livres est tombée par terre.

— J'y ai presque pas touché ! a crié Clotaire, qui était devenu tout rouge.

M. Escarbille n'avait pas l'air content du tout, et il a dit :

— Bon, ça suffit ! Ne touchez plus à rien.

Vous voulez acheter quelque chose, oui ou non ?

— 99... 100 ! a dit Alceste. Oui, il y a bien 100 pages dans votre cahier, c'était pas des blagues. C'est formidable ; moi je l'achèterais bien.

M. Escarbille a pris le cahier des mains d'Alceste, et ça a été facile parce que les mains d'Alceste glissent toujours ; il a regardé dans le cahier et il a dit :

— Petit malheureux ! Tu as souillé toutes les pages avec tes doigts ! Enfin, tant pis pour toi. C'est cinquante francs.

— Oui, a dit Alceste. Mais je n'ai pas de sous. Alors, à la maison, pendant le déjeuner, je vais demander à mon papa s'il veut bien m'en donner. Mais n'y comptez pas trop, parce que j'ai fait le guignol hier, et papa a dit qu'il allait me punir.

Et comme il était tard, nous sommes tous partis, en criant : « Au revoir, monsieur Escarbille ! »

M. Escarbille ne nous a pas répondu ; il était occupé à regarder le cahier qu'Alceste va peut-être lui acheter.

Moi, je suis content avec la nouvelle librairie, et je sais que maintenant nous y serons toujours très bien reçus. Parce que, comme dit Maman : « Il faut toujours devenir amis avec les commerçants ; comme ça, après, ils se souviennent de vous et ils vous servent bien. »

Rufus est malade

On était en classe, en train de faire un problème d'arithmétique très difficile, où ça parlait d'un fermier qui vendait des tas d'œufs et
de pommes, et puis Rufus a levé la main.

— Oui, Rufus ? a dit la maîtresse.

— Je peux sortir, mademoiselle ? a demandé
Rufus ; je suis malade.

La maîtresse a dit à Rufus de venir jusqu'à
son bureau ; elle l'a regardé, elle lui a mis la
main sur le front et elle lui a dit :

— Mais c'est vrai que tu n'as pas l'air bien.
Tu peux sortir ; va à l'infirmerie et dis-leur
qu'ils s'occupent de toi.

Et Rufus est parti tout content, sans finir
son problème. Alors, Clotaire a levé la main et
la maîtresse lui a donné à conjuguer le verbe :
« Je ne dois pas faire semblant d'être malade,
pour essayer d'avoir une excuse afin d'être dis-
pensé de faire mon problème d'arithmétique. »
A tous les temps et à tous les modes.

A la récré, dans la cour, nous avons trouvé Rufus et nous sommes allés le voir.

— Tu es allé à l'infirmerie ? J'ai demandé.

— Non, m'a répondu Rufus. Je me suis caché jusqu'à la récré.

— Et pourquoi t'es pas allé à l'infirmerie ? a demandé Eudes.

— Je ne suis pas fou, a dit Rufus. La dernière fois que je suis allé à l'infirmerie, ils m'ont mis de l'iode sur le genou et ça m'a piqué drôlement.

Alors, Geoffroy a demandé à Rufus s'il était vraiment malade, et Rufus lui a demandé s'il voulait une baffe, et ça, ça a fait rigoler Clotaire, et je ne me rappelle plus très bien ce que les copains ont dit et comment ça s'est passé, mais très vite on était tous en train de se battre autour de Rufus qui s'était assis pour nous regarder et qui criait : « Vas-y ! Vas-y ! Vas-y ! »

Bien sûr, comme d'habitude, Alceste et Agnan ne se battaient pas. Agnan, parce qu'il repassait ses leçons et parce qu'à cause de ses lunettes on ne peut pas lui taper dessus ; et Alceste, parce qu'il avait deux tartines à finir avant la fin de la récré.

Et puis M. Mouchabière est arrivé en courant. M. Mouchabière est un nouveau surveillant qui n'est pas très vieux et qui aide le Bouillon, qui est notre vrai surveillant, à nous surveiller. Parce que c'est vrai : même si nous sommes assez sages, surveiller la récré, c'est un drôle de travail.

— Eh bien, a dit M. Mouchabière, qu'est-ce qu'il y a encore, bande de petits sauvages ? Je vais vous donner à tous une retenue !

— Pas à moi, a dit Rufus ; moi je suis malade.

— Ouais, a dit Geoffroy.

— Tu veux une baffe ? a demandé Rufus.

— Silence ! a crié M. Mouchabière. Silence, ou je vous promets que vous serez tous malades !

Alors, on n'a plus rien dit et M. Mouchabière a demandé à Rufus de s'approcher.

— Qu'est-ce que vous avez ? lui a demandé M. Mouchabière.

Rufus a dit qu'il ne se sentait pas bien.

— Vous l'avez dit à vos parents ? a demandé M. Mouchabière.

— Oui, a dit Rufus, je l'ai dit à ma maman ce matin.

— Et alors, a dit M. Mouchabière, pourquoi vous a-t-elle laissé venir à l'école, votre maman ?

— Ben, a expliqué Rufus, je le luis dis tous les matins, à ma maman, que je ne me sens pas bien. Alors, bien sûr, elle ne peut pas savoir. Mais cette fois-ci, ce n'est pas de la blague.

M. Mouchabière a regardé Rufus, il s'est gratté la tête et lui a dit qu'il fallait qu'il aille à l'infirmerie.

— Non, a crié Rufus.

— Comment, non ? a dit M. Mouchabière. Si vous êtes malade, vous devez aller à l'infirmerie. Et quand je vous dis quelque chose, il faut m'obéir !

Et M. Mouchabière a pris Rufus par le bras, mais Rufus s'est mis à crier : « Non ! non ! J'irai pas ! J'irai pas ! » et il s'est roulé par terre en pleurant.

— Le battez pas, a dit Alceste, qui venait de finir ses tartines ; vous voyez pas qu'il est malade ?

M. Mouchabière a regardé Alceste avec de grands yeux.

— Mais je ne le..., il a commencé à dire, et puis il est devenu tout rouge et il a crié à Alceste de se mêler de ce qui le regardait, et lui a donné une retenue.

— Ça, c'est la meilleure ! a crié Alceste. Alors, moi je vais avoir une retenue parce que cet imbécile est malade ?

— Tu veux une baffe ? a demandé Rufus, qui s'est arrêté de pleurer.

— Ouais, a dit Geoffroy.

Et on s'est tous mis à crier ensemble et à discuter ; Rufus s'est assis pour nous regarder, et le Bouillon est arrivé en courant.

— Eh bien, monsieur Mouchabière, a dit le Bouillon, vous avez des ennuis ?

— C'est à cause de Rufus qui est malade, a dit Eudes.

— Je ne vous ai rien demandé, a dit le Bouillon. Monsieur Mouchabière, punissez cet élève, je vous prie.

Et M. Mouchabière a donné une retenue à Eudes, ce qui a fait plaisir à Alceste, parce qu'en retenue c'est plus rigolo quand on est avec des copains.

Et puis M. Mouchabière a expliqué au Bouillon que Rufus ne voulait pas aller à l'infirmerie et qu'Alceste s'était permis de lui dire de ne pas battre Rufus et qu'il n'avait jamais battu Rufus et qu'on était insupportables,

insupportables, insupportables. Il a dit ça trois fois, M. Mouchabière, avec sa voix à la dernière fois qui ressemblait à celle de maman quand je la fais enrager.

Le Bouillon s'est passé la main sur le menton, et puis il a pris M. Mouchabière par le bras, il l'a emmené un peu plus loin, il lui a mis la main sur l'épaule et lui a parlé longtemps tout bas. Et puis le Bouillon et M. Mouchabière sont revenus vers nous.

— Vous allez voir, mon petit, a dit le Bouillon avec un gros sourire sur la bouche.

Et puis, il a appelé Rufus avec son doigt.

— Vous allez me faire le plaisir de venir avec moi à l'infirmerie, sans faire de comédie. D'accord ?

— Non ! a crié Rufus. Et il s'est roulé par terre en pleurant et en criant : « Jamais ! Jamais ! Jamais ! »

— Faut pas le forcer, a dit Joachim.

Alors, ça a été terrible. Le Bouillon est devenu tout rouge, il a donné une retenue à Joachim et une autre à Maixent qui riait. Ce qui m'a étonné, c'est que le gros sourire, maintenant, il était sur la bouche de M. Mouchabière.

Et puis le Bouillon a dit à Rufus :

— A l'infirmerie ! Tout de suite ! Pas de discussion !

Et Rufus a vu que ce n'était plus le moment de rigoler, et il a dit que bon, d'accord, il voulait bien y aller, mais à condition qu'on ne lui mette pas de l'iode sur les genoux.

— De l'iode ? a dit le Bouillon. On ne vous mettra pas de l'iode. Mais quand vous serez guéri, vous viendrez me voir. Nous aurons un petit compte à régler. Maintenant, allez avec M. Mouchabière.

Et nous sommes tous allés vers l'infirmerie, et le Bouillon s'est mis à crier :

— Pas tous ! Rufus seulement ! L'infirmerie n'est pas une cour de récréation ! Et puis votre camarade est peut-être contagieux !

116

Ça, ça nous a fait tous rigoler, sauf Agnan, qui a toujours peur d'être contagié par les autres.

Et puis après, le Bouillon a sonné la cloche et nous sommes allés en classe, pendant que M. Mouchabière raccompagnait Rufus chez lui. Il a de la chance, Rufus ; on avait classe de grammaire.

Et pour la maladie, ce n'est pas grave du tout, heureusement.

Rufus et M. Mouchabière ont la rougeole.

mais vous êtes malade !

Les athlètes

Je ne sais pas si je vous ai déjà dit que dans le quartier il y a un terrain vague où des fois nous allons jouer avec les copains.

Il est terrible, le terrain vague ! Il y a de l'herbe, des pierres, un vieux matelas, une auto qui n'a plus de roues mais qui est encore très chouette et elle nous sert d'avion, vroum, ou d'autobus, ding ding ; il y a des boîtes et aussi, quelquefois, des chats ; mais avec eux, c'est difficile de rigoler, parce que quand ils nous voient arriver, ils s'en vont.

On était dans le terrain vague, tous les copains, et on se demandait à quoi on allait jouer, puisque le ballon de foot d'Alceste est confisqué jusqu'à la fin du trimestre.

— Si on jouait à la guerre ? a demandé Rufus.

— Tu sais bien, a répondu Eudes, que chaque fois qu'on veut jouer à la guerre, on se bat parce que personne ne veut faire l'ennemi.

— Moi, j'ai une idée, a dit Clotaire. Si on faisait une réunion d'athlétisme ?

Et Clotaire nous a expliqué qu'il avait vu ça à la télé, et que c'était très chouette. Qu'il y avait des tas d'épreuves, que tout le monde faisait des tas de choses en même temps, et que les meilleurs c'étaient les champions et qu'on les faisait monter sur un escabeau et qu'on leur donnait des médailles.

— Et l'escabeau et les médailles, a demandé Joachim, d'où tu vas les sortir ?

— On fera comme si, a répondu Clotaire.

Ça, c'était une bonne idée, alors on a été d'accord.

— Bon, a dit Clotaire, la première épreuve, ça sera le saut en hauteur.

— Moi, je saute pas, a dit Alceste.

— Il faut que tu sautes, a dit Clotaire. Tout le monde doit sauter !

— Non, monsieur, a dit Alceste. Je suis en train de manger, et si je saute je vais être malade, et si je suis malade, je ne pourrai pas finir mes tartines avant le dîner. Je ne saute pas.

— Bon, a dit Clotaire. Tu tiendras la ficelle par-dessus laquelle nous devrons sauter. Parce qu'il nous faut une ficelle.

Alors, on a cherché dans nos poches, on a

trouvé des billes, des boutons, des timbres et un caramel, mais pas de ficelle.

— On n'a qu'à prendre une ceinture, a dit Geoffroy.

— Ben non, a dit Rufus. On peut pas sauter bien s'il faut tenir son pantalon en même temps.

— Alceste ne saute pas, a dit Eudes. Il n'a qu'à nous prêter sa ceinture.

— Je n'ai pas de ceinture, a dit Alceste. Mon pantalon, il tient tout seul.

— Je vais chercher par terre, voir si je ne trouve pas un bout de ficelle, a dit Joachim.

Maixent a dit que chercher un bout de ficelle dans le terrain vague, c'était un drôle de travail, et qu'on ne pouvait pas passer l'après-midi à chercher un bout de ficelle, et qu'on devrait faire autre chose.

— Hé, les gars ! a crié Geoffroy. Si on faisait un concours sur celui qui marche le plus longtemps sur les mains ? Regardez-moi ! Regardez-moi !

Et Geoffroy s'est mis à marcher sur les mains, et il fait ça très bien ; mais Clotaire lui a dit qu'il n'avait jamais vu des épreuves de marcher sur les mains dans les réunions d'athlétisme, imbécile.

— Imbécile ? Qui est un imbécile ? a demandé Geoffroy en s'arrêtant de marcher.

Et Geoffroy s'est remis à l'endroit et il est allé se battre avec Clotaire.

— Dites, les gars, a dit Rufus, si c'est pour se battre et pour faire les guignols, ce n'est pas la peine de venir dans le terrain vague ; on peut très bien faire ça à l'école.

Et comme il avait raison, Clotaire et Geoffroy ont cessé de se battre, et Geoffroy a dit à Clotaire qu'il le prendrait où il voudrait, quand il voudrait et comment il voudrait.

— Tu me fais pas peur, Bill, a dit Clotaire. Au ranch, nous savons comment les traiter, les coyotes de ton espèce.

— Alors, a dit Alceste, on joue aux cowboys, ou vous sautez ?

— T'as déjà vu sauter sans ficelle ? a demandé Maixent.

— Ouais, garçon, a dit Geoffroy. Dégaine !

Et Geoffroy a fait pan ! pan ! avec son doigt comme revolver, et Rufus s'est attrapé le ventre avec les deux mains, il a dit : « Tu m'as eu, Tom ! » et il est tombé dans l'herbe.

— Puisqu'on ne peut pas sauter, a dit Clotaire, on va faire des courses.

— Si on avait de la ficelle, a dit Maixent, on pourrait faire des courses de haies.

Clotaire a dit alors que puisqu'on n'avait pas de ficelle, eh bien, on ferait un 100 mètres, de la palissade jusqu'à l'auto.

— Et ça fait 100 mètres, ça ? a demandé Eudes.

— Qu'est-ce que ça peut faire ? a dit Clotaire. Le premier qui arrive à l'auto a gagné le 100 mètres, et tant pis pour les autres.

Mais Maixent a dit que ce ne serait pas comme les vraies courses de 100 mètres, parce que dans les vraies courses, au bout, il y a une ficelle, et le gagnant casse la ficelle avec la poitrine, et Clotaire a dit à Maixent qu'il commençait à l'embêter avec sa ficelle, et Maixent

lui a répondu qu'on ne se met pas à organiser des réunions d'athlétisme quand on n'a pas de ficelle, et Clotaire lui a répondu qu'il n'avait pas de ficelle, mais qu'il avait une main et qu'il allait la mettre sur la figure de Maixent. Et Maixent lui a demandé d'essayer un peu, et Clotaire aurait réussi si Maixent ne lui avait pas donné un coup de pied d'abord.

Quand ils ont fini de se battre, Clotaire était très fâché. Il a dit que nous n'y connaissions rien à l'athlétisme, et qu'on était tous des minables, et puis on a vu arriver Joachim en courant, tout content.

— Hé, les gars ! Regardez ! J'ai trouvé un bout de fil de fer !

Alors Clotaire a dit que c'était très chouette et qu'on allait pouvoir continuer la réunion, et que comme on en avait tous un peu assez des

épreuves de saut et de course, on allait jeter le marteau. Clotaire nous a expliqué que le marteau, ce n'était pas un vrai marteau, mais un poids, attaché à une ficelle, qu'on faisait tourner très vite et qu'on lâchait. Celui qui lançait le marteau le plus loin, c'était le champion. Clotaire a fait le marteau avec le bout de fil de fer et une pierre attachée au bout.

— Je commence, parce que c'est moi qui ai eu l'idée, a dit Clotaire. Vous allez voir ce jet !

Clotaire s'est mis à tourner sur lui-même des tas de fois avec le marteau, et puis il l'a lâché.

On a arrêté la réunion d'athlétisme et Clotaire disait que c'était lui le champion. Mais

les autres disaient que non ; que puisqu'ils n'avaient pas jeté le marteau, on ne pouvait pas savoir qui avait gagné.

Mais moi je crois que Clotaire avait raison. Il aurait gagné de toute façon, parce que c'est un drôle de jet, du terrain vague jusqu'à la vitrine de l'épicerie de M. Compani !

Le code secret

Vous avez remarqué que quand on veut parler avec les copains en classe, c'est difficile et on est tout le temps dérangé ? Bien sûr, vous pouvez parler avec le copain qui est assis à côté de vous ; mais même si vous essayez de parler tout bas, la maîtresse vous entend et elle vous dit : « Puisque vous avez tellement envie de parler, venez au tableau, nous verrons si vous êtes toujours aussi bavard ! » et elle vous demande les départements avec leurs chefs-lieux, et ça fait des histoires. On peut aussi envoyer des bouts de papier où on écrit ce qu'on a envie de dire ; mais là aussi, presque toujours, la maîtresse voit passer le papier et il faut le lui apporter sur son bureau, et puis après le porter chez le directeur, et comme il y a écrit dessus « Rufus est bête, faites passer » ou « Eudes est laid, faites passer », le directeur vous dit que vous deviendrez un ignorant, que vous finirez au bagne, que ça fera beaucoup de peine à vos parents qui se saignent aux quatre veines pour que vous soyez bien élevé. Et il vous met en retenue !

C'est pour ça qu'à la première récré, ce matin, on a trouvé terrible l'idée de Geoffroy.

— J'ai inventé un code formidable, il nous a dit Geoffroy. C'est un code secret que nous serons seuls à comprendre, ceux de la bande.

Et il nous a montré ; pour chaque lettre on fait un geste. Par exemple : le doigt sur le nez, c'est la lettre « a », le doigt sur l'œil gauche, c'est « b », le doigt sur l'œil droit, c'est « c ». Il y a des gestes différents pour toutes les lettres : on se gratte l'oreille, on se frotte le menton, on se donne des tapes sur la tête, comme ça jusqu'à « z », où on louche. Terrible !

Clotaire, il n'était pas tellement d'accord ; il nous a dit que, pour lui, l'alphabet c'est déjà un code secret et que, plutôt que d'apprendre l'orthographe pour parler avec les copains, il préférait attendre la récré pour nous dire ce qu'il avait à nous dire. Agnan, lui, bien sûr, il ne veut rien savoir du code secret. Comme c'est le premier et le chouchou, en classe il préfère écouter la maîtresse et se faire interroger. Il est fou, Agnan !

Mais tous les autres, on trouvait que le code était très bien. Et puis, un code secret, c'est très utile ; quand on est en train de se battre avec des ennemis, on peut se dire des tas de choses, et eux ils ne comprennent pas, et les vainqueurs, c'est nous.

Alors, on a demandé à Geoffroy de nous l'apprendre, son code. On s'est tous mis autour de Geoffroy et il nous a dit de faire comme lui ; il a touché son nez avec son doigt et nous avons tous touché nos nez avec nos doigts ; il s'est mis un doigt sur l'œil et nous nous sommes tous mis un doigt sur l'œil. C'est quand nous louchions tous que M. Mouchabière est venu. M. Mouchabière est un nouveau surveillant, qui est un peu plus vieux que les grands, mais pas tellement plus, et il paraît que c'est la première fois qu'il fait surveillant dans une école.

— Écoutez, nous a dit M. Mouchabière. Je ne commettrai pas la folie de vous demander ce que vous manigancez avec vos grimaces. Tout ce que je vous dis, c'est que si vous continuez, je vous colle tous en retenue jeudi. Compris ?

Et il est parti.

— Bon, a dit Geoffroy, vous vous en souviendrez, du code ?

— Moi, ce qui me gêne, a dit Joachim, c'est le coup de l'œil droit et de l'œil gauche, pour « b » et « c ». Je me trompe toujours avec la droite et la gauche ; c'est comme maman, quand elle conduit l'auto de papa.

— Ben, ça fait rien, a dit Geoffroy.

— Comment ! ça fait rien ? a dit Joachim. Si je veux te dire « Imbécile » et je te dis « Imcébile », c'est pas la même chose.

— A qui tu veux dire « Imbécile », imbécile ? a demandé Geoffroy.

Mais ils n'ont pas eu le temps de se battre, parce que M. Mouchabière a sonné la fin de la récré. Elles deviennent de plus en plus courtes, les récrés, avec M. Mouchabière.

On s'est mis en rang et Geoffroy nous a dit :

— En classe, je vais vous faire un message, et à la prochaine récré, on verra ceux qui ont compris. Je vous préviens : pour faire partie de la bande, il faudra connaître le code secret !

— Ah ! bravo, a dit Clotaire ; alors Monsieur a décidé que si je ne connais pas son code qui ne sert à rien, je ne fais plus partie de la bande ! Bravo !

130

Alors, M. Mouchabière a dit à Clotaire :

— Vous me conjuguerez le verbe « Je ne dois pas parler dans les rangs, surtout quand j'ai eu le temps pendant toute la récréation pour raconter des histoires niaises ». A l'indicatif et au subjonctif.

— Si t'avais utilisé le code secret, t'aurais pas été puni, a dit Alceste, et M. Mouchabière lui a donné le même verbe à conjuguer. Alceste, il nous fera toujours rigoler !

En classe, la maîtresse nous a dit de sortir nos cahiers et de recopier les problèmes qu'elle allait écrire au tableau, pour que nous les fassions à la maison. Moi, ça m'a bien embêté, ça, surtout pour Papa, parce que quand il revient du bureau, il est fatigué et il n'a pas tellement envie de faire des devoirs d'arithmétique. Et puis, pendant que la maîtresse écrivait sur le tableau, on s'est tous tournés vers Geoffroy, et on a attendu qu'il commence son message. Alors, Geoffroy s'est mis à faire des gestes ; et je dois dire que ce n'était pas facile de le comprendre, parce qu'il allait vite, et puis il s'arrêtait pour écrire dans son cahier, et puis comme on le regardait, il se mettait à faire des gestes, et il était rigolo, là, à se mettre les doigts dans les oreilles et à se donner des tapes sur la tête.

Il était drôlement long, le message de Geoffroy, et c'était embêtant, parce qu'on ne pouvait pas recopier les problèmes, nous. C'est vrai, on avait peur de rater des lettres du message et de ne plus rien comprendre ; alors on était obligé de regarder tout le temps Geoffroy, qui est assis derrière au fond de la classe.

Et puis Geoffroy a fait « i » en se grattant la tête, « t » en tirant la langue, il a ouvert des grands yeux, il s'est arrêté, on s'est tous retournés et on a vu que la maîtresse n'écrivait plus et qu'elle regardait Geoffroy

— Oui, Geoffroy, a dit la maîtresse. Je suis comme vos camarades : je vous regarde faire vos pitreries. Mais ça a assez duré, n'est-ce pas ? Alors, vous allez au piquet, vous serez privé de récréation et, pour demain, vous écrirez cent fois « Je ne dois pas faire le clown en classe et dissiper mes camarades, en les empêchant de travailler ».

Nous, on n'avait rien compris au message. Alors, à la sortie de l'école, on a attendu Geoffroy, et quand il est arrivé, on a vu qu'il était drôlement fâché.

— Qu'est-ce que tu nous disais, en classe ? j'ai demandé.

— Laissez-moi tranquille ! a crié Geoffroy. Et puis le code secret, c'est fini ! D'ailleurs, je ne vous parle plus, alors !

C'est le lendemain que Geoffroy nous a expliqué son message. Il nous avait dit :

« Ne me regardez pas tous comme ça ; vous allez me faire prendre par la maîtresse. »

L'anniversaire
de Marie-Edwige

Aujourd'hui, j'ai été invité à l'anniversaire de Marie-Edwige. Marie-Edwige est une fille, mais elle est très chouette ; elle a des cheveux jaunes, des yeux bleus, elle est toute rose et elle est la fille de M. et Mme Courteplaque, qui sont nos voisins. M. Courteplaque est chef du rayon des chaussures aux magasins du Petit Épargnant et Mme Courteplaque joue du piano et elle chante toujours la même chose : une chanson avec des tas de cris qu'on entend très bien de chez nous, tous les soirs.

Maman a acheté un cadeau pour Marie-Edwige : une petite cuisine avec des casseroles et des passoires, et je me demande si on peut vraiment rigoler avec des jouets comme ça. Et puis Maman m'a mis le costume bleu marine avec la cravate, elle m'a peigné avec des tas de brillantine, elle m'a dit que je devais être très sage, un vrai petit homme, et elle m'a accompagné jusqu'à chez Marie-Edwige, juste à côté de la maison. Moi, j'étais content, parce que j'aime bien les anniversaires et j'aime bien Marie-Edwige. Bien sûr, on ne trouve pas à tous les anniversaires des copains comme Alceste, Geoffroy, Eudes, Rufus, Clotaire, Joachim ou Maixent, qui sont mes copains de l'école, mais on arrive toujours à s'amuser ; il y a des gâteaux, on joue aux cow-boys, aux gendarmes et aux voleurs, et c'est chouette.

C'est la maman de Marie-Edwige qui a ouvert la porte, et elle a poussé des cris comme si elle était étonnée de me voir arriver, et pourtant c'est elle qui a téléphoné à Maman pour m'inviter. Elle a été très gentille, elle a dit que j'étais un chou, et puis elle a appelé Marie-Edwige pour qu'elle voie le beau cadeau que j'avais apporté. Et Marie-Edwige est venue, drôlement rose, avec une robe blanche qui avait plein de petits plis, vraiment très chouette. Moi, j'étais bien embêté de lui donner le cadeau, parce que j'étais sûr qu'elle allait le trouver moche, et j'étais bien d'accord avec Mme Courteplaque quand elle a dit à Maman que nous n'aurions pas dû. Mais Marie-Edwige a eu l'air très contente de la cuisine ; c'est drôle, les filles ! Et puis Maman est partie en me disant de nouveau d'être très sage.

Je suis entré dans la maison de Marie-Edwige, et là il y avait deux filles, avec des robes pleines de petits plis. Elles s'appelaient Mélanie et Eudoxie, et Marie-Edwige m'a dit que c'étaient ses deux meilleures amies. On s'est donné la main et je suis allé m'asseoir dans un coin, sur un fauteuil, pendant que Marie-Edwige montrait la cuisine à ses meilleures amies, et Mélanie a dit qu'elle en avait une comme ça, en mieux ; mais Eudoxie a dit que la cuisine de Mélanie n'était sûrement pas aussi bien que le service de table qu'elle avait reçu pour sa fête. Et elles ont commencé à se disputer toutes les trois.

Et puis on a sonné à la porte, plusieurs fois, et des tas de filles sont entrées, toutes avec des robes pleines de petits plis, avec des cadeaux bêtes, et il y en avait une ou deux qui avaient amené leurs poupées. Si j'avais su, j'aurais amené mon ballon de foot. Et puis Mme Courteplaque a dit :

— Eh bien, je crois que tout le monde est là ; nous pouvons passer à table pour le goûter.

Quand j'ai vu que j'étais le seul garçon, j'ai eu bien envie de rentrer à la maison, mais je n'ai pas osé, et j'avais très chaud à la figure quand nous sommes entrés dans la salle à manger. Mme Courteplaque m'a fait asseoir entre Léontine et Bertille, qui elles aussi, m'a dit Marie-Edwige, étaient ses deux meilleures amies.

Mme Courteplaque nous a mis des chapeaux en papier sur la tête ; le mien était un chapeau pointu, de clown, qui tenait avec un élastique. Toutes les filles ont rigolé en me voyant et moi j'ai eu encore plus chaud à la figure et ma cravate me serrait drôlement.

Le goûter n'était pas mal : il y avait des petits biscuits, du chocolat, et on a apporté un gâteau avec des bougies et Marie-Edwige a soufflé dessus et elles ont toutes applaudi. Moi, c'est drôle, je n'avais pas très faim. Pourtant, à part le petit déjeuner, le déjeuner et le dîner, c'est le goûter que je préfère. Presque autant que le sandwich qu'on mange à la récré.

Les filles, elles, elles mangeaient bien, et elles parlaient tout le temps toutes à la fois ; elles rigolaient, et elles faisaient semblant de donner du gâteau à leurs poupées.

Et puis Mme Courteplaque a dit que nous allions passer au salon, et moi je suis allé m'asseoir dans le fauteuil du coin.

Après, Marie-Edwige, au milieu du salon, les bras derrière le dos, a récité un truc qui parlait de petits oiseaux. Quand elle a fini, nous avons tous applaudi et Mme Courteplaque a demandé si quelqu'un d'autre voulait faire quelque chose, réciter, danser, ou chanter.

— Nicolas, peut-être ! a demandé Mme

138

Courteplaque. Un gentil petit garçon comme ça connaît sûrement une récitation.

Moi, j'avais une grosse boule dans la gorge et j'ai fait non avec la tête, et elles ont toutes rigolé, parce que je devais avoir l'air d'un guignol, avec mon chapeau pointu. Alors, Bertille a donné sa poupée à garder à Léocadie et elle s'est mise au piano pour jouer quelque chose en tirant la langue, mais elle a oublié la fin et elle s'est mise à pleurer. Alors, Mme Courteplaque s'est levée, elle a dit que c'était très bien, elle a embrassé Bertille, elle nous a demandé d'applaudir et elles ont toutes applaudi.

Et puis Marie-Edwige a mis tous ses cadeaux au milieu du tapis, et les filles ont commencé à pousser des cris et des tas de rires, et pourtant il y avait pas un vrai jouet dans le tas : ma cuisine, une autre cuisine plus grande, une machine à coudre, des robes de poupée, une petite armoire et un fer à repasser.

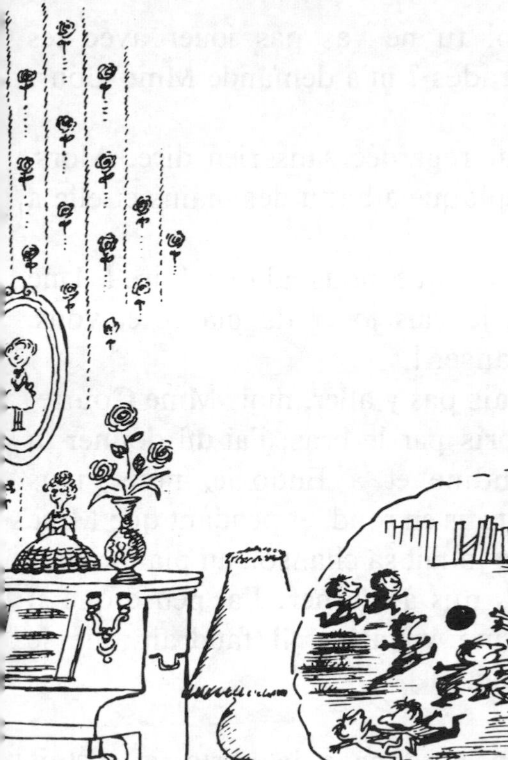

— Pourquoi tu ne vas pas jouer avec tes petites camarades ? m'a demandé Mme Courteplaque.

Moi, je l'ai regardée sans rien dire. Alors, Mme Courteplaque a battu des mains et elle a crié :

— Je sais ce que nous allons faire ! Une ronde ! Moi, je vais jouer du piano, et vous, vous allez danser !

Je ne voulais pas y aller, mais Mme Courteplaque m'a pris par le bras, j'ai dû donner la main à Blandine et à Eudoxie, nous nous sommes mis tous en rond, et pendant que Mme Courteplaque jouait sa chanson au piano, nous nous sommes mis à tourner. J'ai pensé que si les copains me voyaient, il faudrait que je change d'école.

Et puis on a sonné à la porte, et c'était Maman qui venait me chercher ; j'étais drôlement content de la voir.

— Nicolas est un chou, a dit Mme Courteplaque à Maman. Je n'ai jamais vu un petit garçon aussi sage. Il est peut-être un peu timide, mais de tous mes petits invités, c'est le mieux élevé !

Maman a eu l'air un peu étonnée, mais contente. A la maison, je me suis assis dans un fauteuil, sans rien dire, et quand Papa est arrivé, il m'a regardé et il a demandé à Maman ce que j'avais.

— Il a que je suis très fière de lui, a dit Maman. Il est allé à l'anniversaire de la petite voisine, il était le seul garçon invité, et Mme Courteplaque m'a dit que c'était lui le mieux élevé !

Papa s'est frotté le menton, il m'a enlevé mon chapeau pointu, il a passé sa main sur mes cheveux, il s'est essuyé la brillantine avec son mouchoir et il m'a demandé si je m'étais bien amusé. Alors, moi, je me suis mis à pleurer.

Papa a rigolé, et le soir même il m'a emmené voir un film plein de cow-boys qui se tapaient dessus et qui tiraient des tas de coups de revolver.

Table

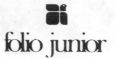

folio junior

La première collection de poche
illustrée pour la jeunesse
Plus de 500 titres disponibles

Buzzati, Dino
La fameuse invasion de la Sicile par les ours
Le chien qui a vu Dieu

Cameron, Ian
Le cimetière des cachalots

Campbell, Reginald
Sa Majesté le tigre

Camus, William
Les oiseaux de feu
et autres contes peaux-rouges

Capote, Truman
L'invité du jour

Carré, Gérard
La troisième guerre mondiale n'aura pas lieu

Carroll, Lewis
Alice au pays des merveilles
De l'autre côté du miroir

Causse, Rolande
Rouge Braise

Cendrars, Blaise
Petits contes nègres pour les enfants des blancs

Chaillou, Michel
La vindicte du sourd

Cole, Gerald
La petite amie de Grégory

Collodi, Carlo
Pinocchio

Colum, Padraïc
Le fils du roi d'Irlande

Cooper, James Fenimore
Le dernier des mohicans

Coué, Jean
Kopoli, le renne guide
L'homme de la rivière Kwaï

Crompton, Richmal
William
L'insupportable William

Dahl, Roald
Charlie et la chocolaterie
Charlie et le grand ascenseur de verre
Escadrille 80
James et la grosse pêche
L'enfant qui parlait aux animaux *et autres nouvelles*
La potion magique de Georges Bouillon
Le Bon Gros Géant
Le cygne *suivi de*
La merveilleuse histoire de Henry Sugar
Les deux gredins
Moi, Boy
Sacrées sorcières

Daudet, Alphone
La dernière classe
et autres contes du lundi
Le petit Chose
Lettres de mon moulin
Tartarin de Tarascon

Desai, Anita
Un village près de la mer

Dhôtel, André
Le pays où l'on n'arrive jamais

FOLIO JUNIOR EDITION SPECIALE

Sempé / Goscinny

Le petit Nicolas et les copains

Supplément réalisé par
Christian Biet,
Jean-Paul Brighelli,
et Jean-Luc Rispail

Illustrations de Sempé

SOMMAIRE

ÊTES-VOUS CHAHUTEUR ?

ÊTES-VOUS CHAHUTEUR ?

Vos camarades peuvent-ils compter sur vous pour chahuter vos professeurs ou vos surveillants ? Ce test est destiné à déterminer vos compétences en matière de chahut... Répondez à toutes les questions, comptez le nombre de ○, □, △ obtenus, et rendez-vous à la page des solutions.

1. *Le premier jour de classe :*
A. Vous vous dirigez sans hésiter vers le fond de la classe ○ ○ ○
B. Vous allez vers le premier rang △ △ △
C. Vous vous débrouillez pour être à côté de votre meilleur copain □ □ □

2. *Vous trouvez dans votre case une feuille blanche, grande et solide :*
A. Vous la gardez pour écrire une lettre ou un poème à quelqu'un que vous aimez △ △ △
B. Vous décidez de réaliser une superbe bombe à eau qui va faire un malheur à la récré ○ ○ ○
C. Vous griffonnez sur la feuille, vous faites de petits dessins ou quelques caricatures □ □ □

3. *Le professeur est en retard, vous en profitez pour :*
A. Revoir vos leçons, parce qu'après il y a un contrôle △ △ △
B. Faire quelques antisèches, pour le fameux contrôle □ □ □
C. Ennuyer vos copains qui préparent leurs antisèches ○ ○ ○

4. *Quelqu'un vient de lancer une boulette pleine d'encre sur le professeur. Celui-ci menace toute la classe d'une punition générale si le coupable ne se dénonce pas immédiatement :*
A. Vous dites que c'est vous, au point où vous en êtes... ○ ○ ○
B. Vous vous taisez, quoi qu'il vous en coûte vous ne dénoncerez personne □ □ □
C. Vous hésitez longtemps mais, devant les menaces du professeur, vous décidez de sauver la majorité de la classe en dénonçant le coupable △ △ △

5. *Sur votre bulletin scolaire, il y a des remarques concernant votre conduite et votre bavardage :*
A. Vos parents vous le reprochent très sèchement □ □ □
B. Vos parents soupirent et finissent par le signer ○ ○ ○
C. Vous pleurez toutes les larmes de votre corps, et vos parents s'aperçoivent qu'on vous a envoyé le bulletin de quelqu'un d'autre △ △ △

6. *Vos parents sortent ce soir, et demain vous devez rendre un devoir de mathématiques :*
A. Vous travaillez seul à votre devoir, comme d'habitude △ △
B. Vous invitez deux copains, pour faire votre devoir ensemble □ □ □
C. Vous invitez votre meilleur ami à regarder la télévision ○ ○

7. *Lorsqu'il y a un chahut dans votre classe :*
A. Vous l'organisez, donnant un rôle à chacun de vos camarades ○ ○ ○
B. Vous vous débrouillez pour le suivre, mais le préparer vous ennuie, ou vous fait peur □ □
C. Vous ne participez jamais à ce genre d'organisation △ △ △

8. *Savez-vous faire une cocotte en papier ?*
A. Vous n'ignorez rien de la fabrique des cocottes en papier ○ ○ ○
B. Vous vous entraînez mais ce n'est pas facile □ □
C. Vous n'aimez pas faire des pliages, car pour vous c'est une perte de temps △ △ △

9. *Soudain, dans la classe, on entend s'élever un murmure insistant :*
« Mmmmmmmmmm... »
A. Vous poursuivez en amplifiant □ □ □
B. Vous êtes à l'origine du bruit ○ ○ ○
C. Vous vous retournez en disant « chut ! » △ △ △

10. *Vous devez aller chercher les craies pour le cours de mathématiques :*
A. Vous vous dépêchez et vous prenez ce qu'on vous a demandé △ △
B. Vous en prenez quelques-unes pour vous □ □
C. Vous en prenez beaucoup et, en passant, vous visez, avec l'une d'entre elles, le timbre de la sonnerie ○ ○ ○

Solutions page 180

1
AU FIL DU TEXTE

CLOTAIRE A DES LUNETTES !

Trouvez mille raisons d'être le dernier

Clotaire affirme à ses camarades, en se retranchant derrière l'avis médical, qu'il était le dernier parce qu'il n'avait pas de lunettes, comme Agnan...
Trouvez d'autres raisons, plus fantaisistes encore, d'être le dernier de la classe, des excuses originales, incroyables, fantastiques... Vous en prendrez une ou deux et vous rédigerez en quelques lignes le discours que vous tiendriez à vos copains pour leur faire croire à ces inventions.

« On sera tous premiers »

Ce que dit Geoffroy est logiquement amusant : si tous étaient premiers, il serait inutile de les classer, et donc de garder le terme de « premier ». De la même manière, tous ne peuvent pas être chouchous, puisqu'un chouchou se définit par sa différence par rapport aux autres.
Trouvez d'autres propositions impossibles, ou ridicules comme celles-là...
- Peut-on supprimer le wagon de queue dans le métro ?
- Peut-on mettre les villes à la campagne ? etc.

Être enfin le chouchou du professeur !

Brusquement, vous en avez assez d'être repris, mal noté, tancé, réprimandé par l'un de vos professeurs. Vous décidez de devenir son « chouchou ». Mais attention, les professeurs se méfient des élèves obséquieux... D'autre part, il faudra vous méfier du comportement de vos camarades qui risquent de considérer votre changement d'attitude comme une insulte à leur mode de vie traditionnel. Il va donc falloir concevoir votre stratégie comme un plan de bataille.

1. *Définition de l'objectif : Devenir le chouchou du professeur*
- En combien de temps ?

- Quels avantages allez-vous en tirer, sur un plan pratique, sur un plan plus général ?
- Quels seront les inconvénients de cette nouvelle situation, et vis-à-vis de qui ?

2. *Ce qu'il faut changer*
- Que peut vous reprocher le professeur dans votre attitude générale, vos gestes, vos paroles ? Soyez précis.
- Quels sont les points positifs ? Qu'allez-vous conserver ?

3. *Définition des moyens*
- Comment allez-vous vous y prendre ? Vous ne pouvez pas changer brutalement, aménagez donc ce changement en fonction du délai que vous vous êtes fixé pour arriver à vos fins.
- Quelles paroles, quelles postures, quelles attitudes, quels gestes allez-vous trouver pour plaire à votre professeur ?
- Aurez-vous honte, parfois, de votre hypocrisie ? Que ferez-vous alors ?
- Que ferez-vous lorsque vos camarades vous reprocheront votre nouvelle attitude ?
- Serez-vous déloyal, mesquin, tricheur ? Au cas où vous le seriez, quelles seraient les techniques que vous utiliseriez ?

Maintenant que vous avez évalué les difficultés de cette démarche en répondant à toutes ces questions, vous allez imaginer en une quinzaine de lignes chacune, deux histoires racontant :

a) Votre pleine réussite

b) Votre échec total.

« Regardez-moi bien dans les yeux ! »

Qui n'a pas compté, pendant un cours, les « tics » des professeurs ? Il y a des mots, des gestes, des phrases, qui reviennent souvent, qui marquent les élèves et qui font encore rire les anciens élèves, lorsqu'ils se les rappellent... Prenez quelques-uns de vos professeurs, ou d'autres personnes (parents, amis, hommes politiques, présentateurs, etc.), notez, imitez, et racontez leurs « tics ».

LE CHOUETTE BOL D'AIR

« Mais je te dis que c'était à droite !... »

Reprenez la description du trajet par Nicolas, et essayez de faire le plan :

1. Du trajet idéal, celui qui a été dicté par M. Bongrain.
2. Du trajet suivi par le père de Nicolas.

Établissez une sorte de carte, en imitant les cartes routières et leurs symboles. Vous pouvez utiliser des couleurs, naturellement.

Une fois que vous aurez cet instrument, vous jouerez la scène de la page 17, à trois personnages au moins : Nicolas, son père, sa mère. Vous pourrez ajouter d'autres automobilistes, ou des piétons auxquels on demande son chemin... Scène de ménage, violence verbale, pleurs, tout doit y être !

Je hais les dimanches !

Après avoir lu tout le texte, vous comparerez les avantages et les inconvénients de la campagne aux yeux de chacun des Bongrain.

Maintenant, vous allez tenir le rôle d'un des trois personnages et dire clairement ce que vous pensez de ce dimanche. Si vous êtes Corentin ou Mme Bongrain, vous pourrez être violent ou désespéré, si vous êtes M. Bongrain, vous devrez montrer votre fierté naïve.

- Pensez-vous que M. Bongrain ait eu raison d'acheter cette maison ?
- Que signifie : « Dans vingt ans, quand j'aurai fini... » ? (p. 19) Pourquoi Mme Bongrain ne rit-elle pas ?

LES CRAYONS DE COULEUR

Un verbe

La maîtresse donne une punition à tous les élèves (sauf à Agnan qui est le chouchou et qui n'était pas là parce qu'il avait les oreillons). Il s'agit de conjuguer le verbe : « Je ne dois pas prendre prétexte de crayons de couleur pour interrompre le cours et semer le désordre dans la classe. » Sans document aucun, sauriez-vous conjuguer ce verbe : au passé simple ? au plus-que-parfait de l'indicatif ? au futur antérieur de l'indicatif ? au subjonctif imparfait ? au présent de l'impératif ?

C'est un simple test, contentez-vous de retrouver la première personne du singulier.

Mélangeons-nous les crayons

Il est toujours difficile d'expliquer pourquoi telle ou telle chose fait rire dans un texte. Pourtant, essayez de noter les procédés que Goscinny emploie pour produire un effet comique.

Commençons par la fin : la « chute » du texte. Pourquoi est-ce si drôle de voir le père de Nicolas tomber, et plus particulièrement à cause du crayon jaune ?

Continuons. Alceste et Joachim se disculpent, puis se battent et ont le double de la punition des autres. Pourquoi rit-on ?

Trouvez un autre exemple que vous expliquerez aussi, puis inventez un petit paragraphe dans lequel les crayons de Nicolas pourraient être la source d'une nouvelle punition ou d'une catastrophe plus grande encore.

LES CAMPEURS

On fait semblant...

Les enfants « font semblant » de camper et imitent les situations. Trajet, découverte du lieu propice, montage de la tente, repas, loisirs, repos, retour...

1. Trouvez, point par point, la situation exacte qu'ils jouent, les paroles qu'ils répètent, les attitudes adultes qu'ils singent, naïvement ou non.

2. Mais parfois, ils ne font plus seulement « semblant ». A quels moments ?

3. Prouvez que la définition un peu curieuse du camping que donne Joachim (p. 34) est à peu près vérifiée tout au long du jeu.

4. Imaginez enfin que vous jouez à « faire semblant », et que brutalement vous vous apercevez que la réalité a rejoint votre imagination : racontez...

Le résumé truqué

Si vous avez bien lu le texte, vous trouverez les sept erreurs qui se sont glissées dans ce résumé :

« En entrant dans l'école, Joachim propose à ses copains d'aller jouer au camping, le lendemain. Le mercredi, ils se retrouvent dans le terrain vague. Joachim n'a pas sa tente, mais une bâche grise, tachée et trouée. Geoffroy conduit la voiture, et les copains s'arrêtent, ou font semblant de s'arrêter près d'un petit lac. Ils jouent à faire semblant d'allumer du feu, de manger (sauf Alceste qui mange vraiment), se serrent sous la fausse tente, envisagent de se baigner, se disputent quand il s'agit de jouer aux Indiens, font s'écrouler leur abri, jusqu'à ce qu'Alceste décide de rentrer chez lui pour l'heure du déjeuner. Enfin, ils jouent à revenir en voiture, très vite, puisque la route est libre ! »

Solutions page 180

ON A PARLÉ DANS LA RADIO
Maîtrisez les ondes

Munissez-vous d'un magnétophone ou, si votre établissement en possède, d'une caméra vidéo. Vous allez devenir, pour un moment, reporter... Mais avant de vous lancer tête baissée dans le genre de l'interview, il va falloir préparer votre enquête.

1. *Préparation*
Formez une équipe de trois à quatre personnes et réfléchissez sur les thèmes suivants :
- Que lisent les gens de votre âge ? quand ? comment ? pourquoi ?
- Qu'apprenez-vous à l'école réellement ? Comment apprenez-vous ? selon quelles méthodes ? Quelles méthodes préférez-vous ? Qu'aimez-vous apprendre ? A quoi croyez-vous que ces connaissances acquises vous serviront ?

2. *Établissement du questionnaire*
Avec votre groupe, rédigez au maximum une dizaine de questions que vous allez poser à vos interlocuteurs, numérotées de 1 à 10.

3. *Choix des interlocuteurs*
Vous allez déterminer un « échantillon représentatif », puisqu'il vous sera impossible d'interroger tous les élèves de votre classe ou, *a fortiori*, tous les élèves de votre collège : de quelles classes ? combien de filles ? combien de garçons ? de quel âge ? de quel niveau ?

4. *Interview proprement dite*
A partir de ce premier travail, vous pouvez prévoir vos interventions à l'intérieur des cours ou en dehors des cours, en fonction des accords passés avec les professeurs. Dans votre groupe, il faudra :
- un preneur de son (travail technique)
- un « journaliste » ou deux, chargés de l'interview
- quelqu'un enfin qui se chargera du « script ». Ce dernier minutera, chronomètre en main, les réponses aux questions et devra modifier, accélérer ou ralentir le ton, le débit, le discours des journalistes et des interlocuteurs.

- Si vous avez la chance de posséder un magnétoscope et une caméra, il faudra prévoir, évidemment, un « caméraman » ou cadreur.

5. *Montage et réalisation*

Vous voici maintenant à la tête d'un document qui peut vous effrayer par son importance : il faut classer, comprendre, choisir, couper au besoin, pour rendre les documents audibles (ou visibles). Autrement dit, il faut procéder à un montage (utilisez deux magnétophones pour mettre le texte final bout à bout, ou une table de mixage, si votre collège en possède une).

Vous allez chercher à convaincre, à rendre les interrogations et les réponses des interviewés cohérentes en réalisant un « produit » de trente minutes maximum.

Détournez les ondes

Avec le même matériel, imaginez une interview surprenante. L'interview du cancre, celle du lanceur de boulettes, celle du chahuteur, celle du dormeur-en-classe, celle du tricheur-en-contrôle, etc.

La bande-son finale ne doit pas dépasser cinq minutes. Cherchez les questions insolites et les réponses amusantes, mais gardez un ton très « professionnel ».

MARIE-EDWIGE

Le tournoi des séducteurs

Nicolas et ses amis cherchent à briller devant Marie-Edwige, et chacun a ses tours de force.

1. Quelles sont les différentes épreuves de ce « tournoi » ?

2. Établissez les points forts et les points faibles des participants à ce « tournoi » (Alceste, Clotaire, Geoffroy, Eudes, Rufus, Nicolas), chacun dans sa spécialité.

3. Quelle est l'attitude de la « belle » devant une telle débauche d'énergie ?

4. Êtes-vous d'accord avec la dernière remarque de Nicolas sur la journée ? « On n'a pas été très gentils avec Marie-Edwige. On ne lui a presque pas parlé et on a joué entre nous, comme si elle n'avait pas été là. »

5. Et vous ? Comment faites-vous pour séduire ?

Les modes de séduction

Le paon fait la roue pour séduire la paonne, tout le monde sait ça...

Connaissez-vous d'autres attitudes de séduction chez les animaux ?

Réfléchissez au comportement humain pour arriver au même résultat, et décrivez une attitude de séduction en un texte court, et de préférence amusant. Utilisez, pour ce faire, le ton de l'observateur.

Mots en équerre

Les mots qui composent cette grille se rapportent à la séduction. A partir de chaque lettre du mot « séduire », vous devez trouver à la fois un mot horizontal *(h)* et un vertical *(v)*.

S : Papa dit que celui de Marie-Edwige fera des ravages *(h)*
Comme chuchoter, avec plus de « s » et plus de tendresse *(v)*

E : Mieux vaut en faire avec son esprit qu'avec de la lumière *(h)*
Créer la surprise *(v)*

D : Geoffroy pense que Rufus n'est pas capable d'en faire un seul sur le terrain ! *(h)*
Les opérations, mais surtout la conversation *(v)*

U : C'est la manière dont deux cœurs doivent battre *(h)*
Tout ne l'est pas pour séduire *(v)*

I : Quand il vient, même Alceste arrête de manger *(h)*
Pour Rufus, une partie de foot, c'en est une bonne *(v)*

R : La robe de Marie-Edwige doit être découpée dedans *(h)*
Celle de Marie-Edwige était vert foncé *(v)*

E : La meilleure méthode si vous bégayez *(h)*
Quoi qu'il arrive, il ne faut jamais le perdre *(v)*

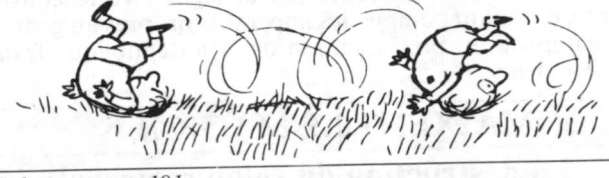

Solutions page 181

PHILATÉLIES

Seriez-vous un bon philatéliste ?

Vous faites, ou certains de vos amis font, une collection de timbres.
- Comment ces timbres sont-ils classés ?
- Comment connaissez-vous leur valeur ?
- Connaissez-vous des règles pour évaluer les timbres (oblitération, dentelures, enveloppes premier jour, etc.) ?
- Comment, et en fonction de quoi, les collectionneurs les échangent-ils ?

A la suite de ces recherches, vous établirez le code du « parfait petit philatéliste ».

Le collectionneur

Qu'est-ce qui pousse quelqu'un, selon vous, à collectionner des timbres ?

Au fait, pourquoi les adultes voient-ils d'un si bon œil que les enfants et adolescents fassent une collection de timbres ? Étudiez les raisons données dans cette nouvelle et dites ce qu'elles pourraient bien cacher ?

Rédigez en quelques lignes deux interventions de philatélistes expliquant, pour des raisons différentes, ce qui les entraîne à collectionner des timbres.

Votre timbre idéal

Les timbres les plus courants représentent souvent des figures symboliques (la République) ou des portraits de chefs d'État ou de personnages célèbres. D'autres timbres, moins courants, célèbrent un événement en donnant une reproduction d'œuvre d'art ou en utilisant les services d'un grand peintre ou d'un graveur de talent.

A votre tour de composer le timbre que vous aimeriez utiliser. Dessinez ou procédez par collage, à votre convenance, en tenant compte des impératifs propres au genre : miniaturisation, prix, mention de la « République française », dents.

MAIXENT LE MAGICIEN

La destruction du salon maternel

Mettez-vous un instant à la place de la mère de Maixent. Les enfants vont arriver, vous faites le tour du salon et vous imaginez ce que les vandales pourraient bien casser. Citez les objets qu'il faudra protéger ou évacuer coûte que coûte. Commencez en vous inspirant de ses allées et venues décrites dans le texte, puis imaginez d'autres bibelots et meubles fragiles.

« Ils ont commencé à se donner des tas de baffes. » (p. 75)

Continuez le texte en faisant en sorte que la bagarre dégénère et que les choses que vous avez citées soient détruites, les unes après les autres, jusqu'à l'ensemble du salon.

Décrivez minutieusement leur destruction, puis l'intervention finale de la mère (ou des pompiers, ou d'autres personnages). Vous avez une trentaine de lignes.

Qu'est devenue la boule blanche de Maixent ?

Montrez à vos camarades un tour de magie que vous connaissez. Ensuite, expliquez-le.

A votre avis, qu'est devenue la boule blanche de Maixent ? Est-il possible qu'elle ait pu vraiment disparaître ? Et si c'était vrai ?

- Imaginez dans une histoire fantastique, horrible, drôle ou merveilleuse, le destin de la boule magique.

Il y a un truc

Voici trois tours de magie.

1. Le magicien prend une boîte d'allumettes, l'ouvre, et l'on y découvre une pièce. Il jette la pièce ou la met dans sa poche. Il referme la boîte, la rouvre après avoir dit quelques paroles magiques, et l'on découvre que la pièce est revenue !

2. Le magicien dépose doucement un œuf dans un bocal rempli d'eau. Il passe ses mains au-dessus du bocal, et l'œuf, qui était tombé naturellement au fond, remonte à la surface !

3. Le magicien va maintenant deviner une carte par simple transmission de pensée. Son assistant le fait sortir de la pièce et fait choisir une carte à quelqu'un. Le magicien entre, se concentre, pendant que l'assistant demande l'attention du public. Il trouve la carte du premier coup.

Comment le magicien fait-il ?

Solutions page 181

LA PLUIE

Amusez-vous sous la pluie

Nicolas donne un certain nombre de recettes pour s'amuser avec la pluie. Faites-en la liste, et ajoutez les vôtres, quitte à en inventer quelques-unes.

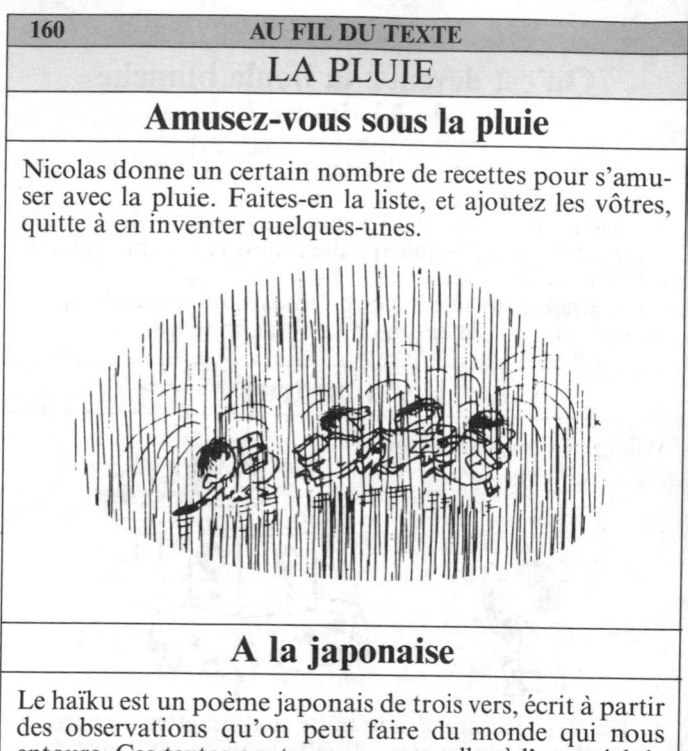

A la japonaise

Le haïku est un poème japonais de trois vers, écrit à partir des observations qu'on peut faire du monde qui nous entoure. Ces textes sont conçus pour aller à l'essentiel de ce que l'on ressent au moment où l'on écrit.
Voici un haïku de Bashô, célèbre auteur japonais :

> La pluie de printemps s'égoutte
> Sur le nid de guêpes
> Le toit fuit.

A vous de composer un haïku. Isolez-vous, faites silence, observez la pluie et notez tout ce qui peut vous passer par la tête en petites phrases courtes, ainsi que tout ce que vous voyez. Vous voilà, en quelques minutes, à la tête d'une véritable mine de haïkus.
Il vous reste à classer les petites phrases, à les répartir en éléments plus ou moins longs (environ cinq, sept, trois syllabes, mais vous n'êtes pas obligé de respecter exactement l'ordre et le nombre), puis à les disposer comme trois fleurs dans un vase...

LES ÉCHECS

Un peu d'ordre !

Dans ce texte, comme dans beaucoup d'autres nouvelles, les événements s'enchaînent et se dégradent peu à peu. On nous annonce, au départ, que les enfants vont jouer aux échecs, puis le jeu change de règles. Remettez les étapes dans l'ordre :

A. La bouteille d'encre d'Alceste tombe.
B. Alceste envoie, avec son doigt, le fou de Nicolas contre le cheval du même Nicolas.
C. Ils bombardent les tanks avec des ballons.
D. Le ballon cogne sur la porte de la chambre.
E. « La bataille commence, a dit Alceste. En avant ! Baoum ! »
F. Ils bombardent les tanks avec des poignées de billes.
G. Ils utilisent les wagons et les petites autos pour en faire des tanks.
H. Ils s'entendent pour lancer des billes sur les pièces, d'un bout à l'autre de la chambre.
I. Nicolas envoie, avec son doigt, sa tour contre la reine d'Alceste.
J. Alceste pousse plusieurs pions à la main.
K. Nicolas pousse ses pions en imitant la mitrailleuse.
L. Calme plat, le père d'Alceste s'en va.
M. La maman d'Alceste est entrée dans la chambre.

Solutions page 182

Les pièces s'animent

Dans *De l'autre côté du miroir*, de Lewis Carroll, Alice rencontre des rois, des reines, des fous et des cavaliers animés et inquiétants : jugez-en plutôt...

« A ce moment, elle fut interrompue dans ses réflexions par un grand cri de : "Holà ! Holà ! Échec !", et un Cavalier recouvert d'une armure cramoisie arriva droit sur elle au galop, en brandissant un gros gourdin. Juste au moment où il allait l'atteindre, le cheval s'arrêta brusquement.

– Tu es ma prisonnière ! cria le Cavalier, en dégringolant à bas de sa monture.

Malgré son effroi et sa surprise, Alice eut plus peur pour lui que pour elle sur le moment, et elle le regarda avec une certaine anxiété tandis qu'il se remettait en selle. Dès qu'il fut confortablement assis, il commença à dire une deuxième fois : "Tu es ma pri...", mais il fut interrompu par une autre voix qui criait : "Holà ! Holà ! Échec !" et Alice, assez surprise, se retourna pour voir qui était ce nouvel ennemi.

Cette fois-ci, c'était un Cavalier Blanc. Il s'arrêta tout près d'Alice, et dégringola de son cheval exactement comme le Cavalier Rouge ; puis, il se remit en selle, et les deux Cavaliers restèrent à se dévisager sans mot dire, tandis qu'Alice les regardait tour à tour d'un air effaré.

– C'est ma prisonnière à moi, ne l'oublie pas ! déclara enfin le Cavalier Rouge.

– D'accord ; mais moi, je suis venu à son secours, et je l'ai délivrée ! répliqua le Cavalier Blanc.

– En ce cas nous allons nous battre pour savoir à qui elle sera, dit le Cavalier Rouge en prenant son casque (qui était pendu à sa selle et ressemblait assez à une tête de cheval) et en s'en coiffant.

– Naturellement, tu observeras les Règles du Combat ? demanda le Cavalier Blanc, en mettant son casque à son tour.

– Je n'y manque jamais, répondit le Cavalier Rouge.

Sur quoi, ils commencèrent à se cogner avec tant de fureur qu'Alice alla se réfugier derrière un arbre pour se mettre à l'abri des coups. »

Lewis Carroll,
De l'autre côté du miroir,
traduction de Jacques Papy,
© Jean-Jacques Pauvert

Imaginez que, brusquement, vous rencontriez des pièces d'échecs animées... Que feriez-vous ? Racontez ou faites une improvisation à plusieurs : vous devez trouver un individu normal (vous), un ou plusieurs pions, un ou plusieurs rois, reines, fous, cavaliers de couleurs opposées. Si l'improvisation est une réussite, écrivez le texte, puis dessinez et réalisez les costumes...

La guerre des pièces

Si vous connaissez les règles de déplacement des pièces du jeu d'échecs (si vous ne les connaissez pas, apprenez-les vite), décrivez les premiers coups d'une partie d'échecs comme le choc de deux armées ennemies.

Les pions sont les simples soldats, et les autres pièces tiendront la place que vous leur assignerez. Faites comme si vous étiez correspondant de guerre... (vingt lignes maximum).

LES DOCTEURS

L'outillage du bon médecin

Voici les dessins de cinq instruments médicaux courants. Rendez à chaque dessin le nom qui est le sien puis trouvez son utilité :

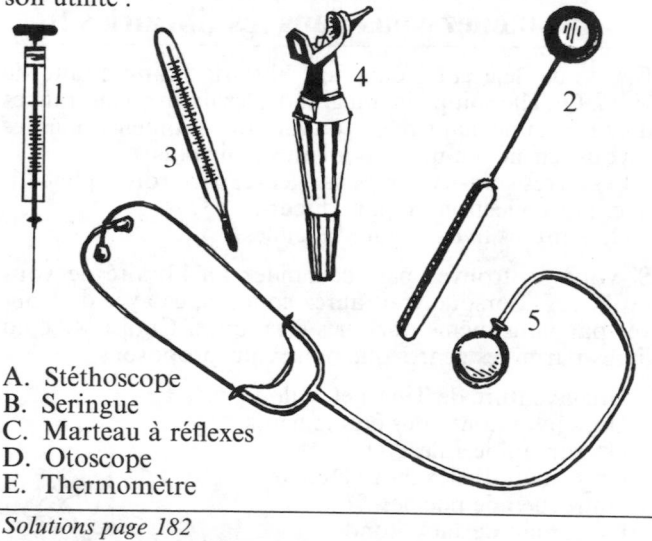

A. Stéthoscope
B. Seringue
C. Marteau à réflexes
D. Otoscope
E. Thermomètre

Solutions page 182

Calmez-vous, ce n'est rien...

Improvisez une scène à deux dans laquelle un médecin essaie, par tous les moyens, de calmer son malade afin de pouvoir l'examiner. Avec ou sans succès !

LA NOUVELLE LIBRAIRIE

« Vroumm ! baoumm ! » contre « bang ! bang ! »

En visitant la librairie, les enfants se racontent deux histoires : celle de l'aviateur, et celle du cow-boy. Choisissez l'une d'entre elles et racontez-la en ajoutant des descriptions, des dialogues, d'autres moments importants, etc. Faites, notamment, le portrait des personnages principaux. Si ces histoires évoquent des textes et des bandes dessinées que vous avez lus, n'hésitez pas à vous en inspirer.

Vous pouvez raconter oralement (en cinq minutes), ou par écrit (en deux pages), ou en créant une bande dessinée (seul ou à plusieurs).

Promenez-vous dans les librairies !

Êtes-vous déjà entré dans une librairie ? Sinon, faites-le vite... Qu'elle soit petite ou grande, les livres y sont rangés d'une certaine manière. A vous de vous promener dans les rayons, carnet en main, pour en savoir plus.

- Les livres sont-ils classés par genre, par ordre alphabétique, par collection ou par éditeur ?
- Où sont les livres « pour la jeunesse » ?

Si vous ne trouvez pas, demandez au libraire de vous expliquer. Lorsque vous aurez compris, essayez de trouver par vous-même quelques classiques. Choisissez cinq livres parmi les genres que nous vous proposons :

- Une aventure de Tintin et Milou
- Un « livre dont vous êtes le héros »
- Un roman de Jules Verne
- Un roman d'Alexandre Dumas
- Un recueil de poèmes
- Un roman de Jack London
- Un livre de poche
- Un livre traduit

d'une langue étrangère

- Un livre sur la mer

Comment les avez-vous trouvés ?

Vite ! un livre !

Vous prenez un livre que vous ne connaissez pas. Vous avez environ dix minutes pour en découvrir :
- Le sujet
- La date de première publication (en général, cette date est notée juste derrière la page de titre)
- Le nom de l'auteur, et si possible quelques indications sur cet auteur
- Le nom des personnages principaux (si c'est un roman)

N'oubliez pas que vous pouvez recourir à toutes les informations annexes contenues dans le volume (quatrième page de couverture, présentation, iconographie, etc.)

RUFUS EST MALADE

C'est grave, docteur ?

Vous êtes malade, ce matin. Oh ! rien de bien grave, une petite grippe, mais certains signes ne trompent pas. Comment vous en êtes-vous rendu compte, quels sont ces signes ? Faites la liste de ces « symptômes » que le médecin va guetter, puis décrivez votre état en quelques lignes, à la première personne.

a) Connaissez-vous d'autres symptômes qui correspondent à d'autres maladies ?

b) Choisissez une maladie, et décrivez-en les symptômes, cette fois, comme un médecin : vous êtes face à tel et tel symptôme, et vous énoncez votre diagnostic en nommant la maladie à laquelle vous avez affaire.

Enfin malade !

Une petite grippe, ce n'est jamais désagréable lorsqu'on reste bien au chaud pendant que les camarades sont au collège en train de faire une dictée ou des opérations.
Racontez par écrit la journée de l'écolier malade. Est-il seul ? Est-ce qu'il joue, ou qu'il écoute de la musique ? Préfère-t-il passer son temps à dormir ? Le premier jour, est-il content d'être au lit ? et ensuite ? Quels sont les aspects désagréables de la maladie ?

Futurs médecins, à vos stéthoscopes !

Voici une liste de quelques maladies communes et peu graves le plus souvent. Nous vous donnons les symptômes principaux de chacune d'entre elles. Votre seul travail consistera à prononcer votre diagnostic à partir de ces manifestations.

1. Grippe
2. Oreillons
3. Urticaire
4. Otite
5. Rougeole
6. Indigestion

A. Fièvre, douleur à la partie du cou qui se trouve sous les oreilles (parotide)
B. Fièvre, douleurs musculaires, sensation de fatigue générale
C. Vomissements, migraine
D. Fièvre, plaques rouges sur tout le corps, pas de démangeaisons
E. Plaques rouges qui démangent, pas de fièvre
F. Fièvre et douleur à l'oreille

Solutions page 182

LES ATHLÈTES

Quelques questions sur l'athlétisme

1. Pouvez-vous citer au moins dix épreuves disputées dans les réunions d'athlétisme ?

2. Qu'est-ce que le décathlon ?

3. Connaissez-vous quelques grands noms (anciens ou contemporains) de sportifs ? En voici quelques-uns, trouvez leurs principales disciplines et leurs performances.

A. Carl Lewis
B. Eddy Mercx
C. Émile Zatopek
D. Sergeï Bubka
E. Jacques Anquetil
F. Alain Prost

Solutions page 182

Les jeux olympiques des collèges

Les disciplines de l'athlétisme ne forment qu'une partie des épreuves olympiques. Le football, l'aviron, la voile, le judo, font en effet partie de ces jeux prestigieux.

Vous allez maintenant choisir un certain nombre de disciplines sportives couramment pratiquées par vos camarades, auxquelles vous ajouterez des concours typiquement « collégiens » : football dans les limites d'une cour de récréation, jet de craies, jet de fusées en papier, jet de bombes à eau, à vous de répartir les épreuves.

Une fois que vous aurez déterminé les épreuves (disciplines sportives et « collégiennes », rédigez-en scrupuleusement les règles, faites-les circuler et organisez les épreuves. Ne négligez pas l'entraînement, et n'oubliez pas les médailles !

Du jeu à la catastrophe

Trouvez dans vos souvenirs, dans les films que vous avez vus ou dans vos lectures *(Les Aventures de Tom Sawyer*, par exemple) des exemples de jeux qui ont mal tourné, comme le jet du marteau...

Puis notez les étapes de ces histoires en les illustrant : proposition du jeu, enthousiasme des joueurs et des spectateurs, début du moment dangereux, un détail échappe aux joueurs, catastrophe, retombées (sous forme de fuite ou de punition).

- En respectant ce plan, racontez votre propre histoire.

LE CODE SECRET

Un peu de géographie

La maîtresse demande, pour clore le bec des bavards et chuchoteurs impénitents, la liste des départements assortis de leurs chefs-lieux (ou préfecture). Seriez-vous capable de :
- citer le nom de la préfecture de votre département ?
- citer le nom de plus de dix départements français et leurs numéros (Alpes-Maritimes, 06, par exemple) ?
- d'ajouter le nom des préfectures correspondant à ces départements ?

Vive la communication !

Comment communiquez-vous, en classe ou ailleurs, sans être vus par ceux qui sont censés représenter l'autorité (professeurs, parents, surveillants, commerçants, etc.) ? Utilisez-vous les mêmes artifices que Nicolas (p. 127) ? Faites-en le relevé. Êtes-vous d'accord sur les inconvénients de chaque système ?

1. *Le code secret de Geoffroy*
Dans ce texte, Nicolas nous donne quelques renseignements sur le code secret mis au point par Geoffroy.
- Quels gestes correspondent aux lettres : A, B, C, I, T, Z ?
- Imaginez les autres éléments du code et cherchez à le mettre en pratique (de préférence ailleurs qu'en classe...)

2. *Votre code*
Le code de Geoffroy n'est pas très pratique, il va falloir trouver mieux, en plus efficace et en plus discret. A vous de jouer...

3. *Trouvez le code et la solution*
Si A2 G3 P1 E4 = PAGE ; que signifient :
- V3 E5 R4 L1 I2
- S7 L5 N1 C3 I2 O4 A6

Solutions page 183

L'ANNIVERSAIRE
DE MARIE-EDWIGE

Mais à quoi jouent-elles donc ?

Le moins qu'on puisse dire est que Nicolas ne se sent pas
dans son élément, à l'anniversaire de Marie-Edwige...
Dressez la liste des jeux et des occupations de ces jeunes
filles, et comparez-la à celle que fait Nicolas quand il parle
des anniversaires de ses copains. Y a-t-il des éléments
communs ?

A son tour, maintenant...

Sans vous référer à la nouvelle « Marie-Edwige », faites le
récit de Marie-Edwige se trouvant invitée à l'anniversaire
de Nicolas (en une vingtaine de lignes).

Oh, les filles ! Oh, les filles !

Pensez-vous que la description que donne Goscinny des
jeux des filles et des garçons soit tout à fait exacte ? Est-il
impossible que garçons et filles jouent ensemble ? Quelle
est votre expérience en ce domaine ?
Observez votre classe. Comment est-elle répartie ? Qui est
à côté de qui, et pourquoi ? Les deux sexes sont-ils
mélangés ?
Observez une cour de récréation. Qui joue avec qui ?
Comment sont considérés ceux qui jouent avec des filles
ou celles qui jouent avec des garçons ? Pourquoi ?
A partir de quel âge pensez-vous que les choses changent
un peu ? Pourquoi ?

Les deux anniversaires

Et si nous confondions les deux anniversaires ? Dans cette grille sont tous les noms cités des amis que Nicolas inviterait à son anniversaire, ainsi que ceux des filles que Marie-Edwige a invitées. A vous de les retrouver grâce au texte et aux quelques indices que nous avons laissés.

2
SUR L'ENSEMBLE DU TEXTE
Vingt questions pour conclure

Avez-vous bien lu le livre ? Répondez aux questions suivantes sans revenir au texte et, bien sûr, sans regarder les réponses...

1. *Qui veut être le seul élève à porter des lunettes ?*
A. Agnan
B. Clotaire
C. Eudes
D. Geoffroy

2. *Qui sort de classe avec les lunettes de Clotaire ?*
A. Nicolas
B. Clotaire lui-même
C. Alceste
D. Rufus

3. *Combien Nicolas apporte-t-il de timbres à l'école ?*
A. Un
B. Trois
C. Deux
D. Dix

4. *Où les enfants vont-ils camper ?*
A. Dans le jardin du père d'Edwige
B. Dans le jardin du père de Nicolas
C. Dans la cour de l'école
D. Dans le terrain vague

5. *Comment s'appelle, selon Nicolas, le journaliste qui leur pose des questions ?*
A. Albert
B. Coco
C. Kiki
D. Jojo

6. *Qui possédait une collection de timbres d'une grande valeur ?*
A. Un roi d'Angleterre
B. Un roi d'Espagne
C. Un empereur d'Allemagne
D. Un célèbre collectionneur hollandais

7. *Qui offre une boîte de crayons de couleur à Nicolas ?*
A. Sa mémé (sa grand-mère maternelle)
B. Sa mère
C. Son père
D. Son autre mémé (sa grand-mère paternelle)

8. *Par quel tour de magie Maixent veut-il commencer la représentation ?*
A. Le chapeau et les foulards
B. Les trois ficelles
C. La petite casserole
D. Le grand dé creux

9. *Dans le terrain vague, les enfants font semblant de manger :*
A. Des frites
B. Du rôti
C. Du poulet
D. Des tartines

10. *La dernière enquête des journalistes portait sur :*
A. Des dockers grévistes
B. Des preneurs d'otages
C. Une famille princière
D. L'attitude des parents devant leurs enfants

11. *Le premier objet emporté par la mère de Maixent est :*
A. Le vase qui était sur la cheminée
B. La petite statue qui était sur le piano
C. Le pot de fleurs situé près du guéridon
D. La lampe posée près du fauteuil

12. *Pendant la récréation, et malgré la pluie, les enfants veulent jouer à la balle au chasseur à l'intérieur de la classe. Pour cela :*
A. Ils poussent le bureau
B. Ils déplacent les tables
C. Ils ferment la porte
D. Ils ouvrent les fenêtres

13. *Chez eux, Alceste et son père auraient bien voulu manger :*
A. Une dixième tranche de saucisson
B. Une tartine de plus
C. Un reste de cassoulet
D. Ce qui restait de la choucroute

14. *Agnan se résout à aller voir les « docteurs » parce que la maîtresse lui a promis de l'interroger sur :*
A. Les affluents de la Loire
B. Les fractions
C. Les divisions
D. Le subjonctif imparfait

15. *Si les enfants gardent un docteur, les docteurs, eux, gardent :*
A. Agnan
B. Geoffroy
C. Eudes
D. Maixent

16. *Le nouveau libraire s'appelle :*
A. M. Blaireau
B. M. Mabille
C. M. Billaud
D. M. Escarbille

17. *Rufus est malade, mais il ne va pas à l'infirmerie parce qu'il craint :*
A. Qu'on l'oblige à rester au lit
B. Qu'on l'envoie à l'hôpital
C. Qu'on lui fasse une piqûre
D. Qu'on lui mette de l'iode

18. *Pendant une bonne partie de leur jeu sur l'athlétisme, les enfants cherchent :*
A. Une perche
B. Des chaussures de sport
C. Un sifflet
D. Une ficelle

19. *Le doigt sur le nez, dans le code secret de Geoffroy, c'est :*
A. La lettre « A »
B. La lettre « Z »
C. La lettre « C »
D. La lettre « B »

20. *Chez Marie-Edwige, Nicolas doit porter :*
A. Un nez rouge
B. Un chapeau pointu
C. Un béret vert
D. Des lunettes noires

Solutions page 184

3
FILLES ET GARÇONS
DANS LA LITTÉRATURE

Les Aventures de Tom Sawyer

C'est, bien entendu, à la suite d'une nouvelle bêtise (suivie d'une juste correction) que Tom Sawyer pourra enfin aborder la jolie Becky. Ses multiples talents lui permettront de l'éblouir sans difficulté !

« Le bras vengeur frappa jusqu'à ce qu'il fût fatigué et que le paquet de verges eût notablement diminué. Puis le maître ajouta :

– Maintenant, monsieur, allez vous asseoir avec les filles ! Et que ceci vous serve de leçon.

Devant les ricanements qui s'étaient élevés dans la classe, Tom avait paru rougir de honte. En réalité ce qui le remplissait de confusion, c'était le respect mêlé de crainte qu'il éprouvait pour son idole inconnue et l'heureuse surprise de la bonne fortune qui venait de lui échoir. N'allait-il pas approcher de son idole ? Il s'assit à l'extrémité du banc ; la jeune fille eut un dédaigneux mouvement de tête et se recula jusqu'à l'autre bout. Les camarades se poussaient du coude, échangeaient des clins d'œil et des chuchotements. Tom resta immobile, les bras sur son pupitre, paraissant absorbé dans l'étude de ses leçons.

Peu à peu l'attention se détourna de lui. Le bourdonnement habituel reprit son cours. Tom lança à sa voisine de furtifs coups d'œil. Celle-ci s'en aperçut, fit une moue et lui tourna délibérément le dos pendant un instant. (...)

Tom commença à faire sur son ardoise un dessin qu'il cachait soigneusement de sa main gauche. D'abord elle n'y prêta pas attention, puis le désir de voir fut le plus fort. Tom continua comme si de rien n'était. Elle essaya de regarder ; Tom fit semblant de ne pas s'en apercevoir. Cédant à sa curiosité, elle finit pas murmurer timidement.

– Fais voir.

Tom découvrit à moitié un gribouillage informe représentant une maison à deux pignons et une cheminée de laquelle s'échappait un filet de fumée en forme de tire-bouchon. La fillette se passionna pour ce chef-d'œuvre au

point qu'elle en oubliait de travailler. Quand la maison fut terminée, elle l'admira un instant puis chuchota :

– Ce qu'elle est jolie ! Dessine un homme, maintenant.

L'artiste en herbe dessina au premier plan un immense bonhomme qui ressemblait au derrick d'un puits de pétrole et était de taille à enjamber la maison. Mais la petite n'était pas difficile. Cette sorte de monstre lui plut.

– Magnifique. Dessine-moi, maintenant.

Tom dessina une espèce de sablier surmonté d'une pleine lune, avec des bras qui ressemblaient à des fétus de paille et des mains aux doigts écartés, qui tenaient un éventail gigantesque. La petite dit :

– C'est splendide. Je voudrais bien savoir dessiner.

– Ça n'est pas difficile. Je t'apprendrai, dit Tom.

– Tu veux bien ? Quand ?

– A midi. Est-ce que tu retournes chez toi pour déjeuner ?

– Je resterai si tu veux.

– Ça c'est chic ! Comment t'appelles-tu ?

– Becky Thatcher ! Et toi ? Ah oui, je sais : Thomas Sawyer.

– C'est comme ça qu'on m'appelle quand il y a quelque chose qui ne va pas. Quand tout va bien je m'appelle Tom. Tu m'appelleras Tom, veux-tu ? »

Mark Twain,
Les Aventures de Tom Sawyer,
traduction de François de Gaïl,
© Mercure de France

Le Temps des secrets

Clémentine, l'amie du jeudi (et parfois du dimanche) du petit Marcel a parfois des paroles étranges. Elle grandit bizarrement vite et, de plus en plus, a tendance à se fâcher quand on la complimente. Elle fait aussi d'invraisemblables déclarations...

« Un jour, dans un élan d'amitié, je lui avait dit :

– Tu aurais de beaux yeux, s'ils étaient pareils.

Sur quoi, cette idiote a fondu en larmes, avec des sanglots et des hoquets déchirants.

Pour la calmer, je lui expliquai que c'était un compliment, et que je trouvais avantageux d'avoir deux œils au lieu de deux yeux. Avec la rapidité d'un chat, elle me griffa la joue sous l'oreille, à quoi je répondis par une gifle abso-

lument réussie. Elle demeura un instant comme stupéfaite, puis elle courut jusqu'au platane et, le front sur son avant-bras, elle se mit à ululer si fort qu'il me parut prudent de rentrer chez moi au pas de course.

Quand elle atteignit sa douzième année, elle devint encore plus bizarre, et se mit à me faire des confidences mystérieuses.

Assise près de moi sur le banc, sous le préau, en face de la cour déserte, elle me dit un jour :

– J'ai un ami qui vient souvent jouer avec moi. Il est gentil, et il est très beau. Seulement, je trouve qu'il est bête.

– Pourquoi ?

– Parce que moi je sais bien qu'il m'adore, mais il a peur de me le dire, et il n'ose pas m'embrasser.

– Et toi, il te plaît ?

Elle renversa la tête en arrière, leva au plafond des yeux langoureux, et soupira :

– Ho oui !

– Comment s'appelle-t-il ?

– Marcel, comme toi ; et même il a les yeux marron, comme toi. Souvent, j'essaie de lui faire comprendre, mais ça ne réussit pas.

Alors, je fus furieux qu'elle eût donné son cœur à cet individu, qui avait l'audace de me ressembler, et de porter mon prénom.

– Et où est-ce que tu vas jouer avec lui ?

– Ici, à l'école.

Je triomphai aussitôt.

– Eh bien, ma fille, tu es une belle menteuse ! S'il venait ici, moi je le verrais, parce que je regarde souvent par la fenêtre de la cuisine ! Tu inventes tout ça parce que tu crois que ça va me rendre jaloux. Mais moi je peux te dire que ça m'est bien égal, et même que je m'en fiche complètement. Et ce n'est plus la peine que tu m'en parles, parce que je ne t'écouterai même pas !

Alors, elle se leva, les mains jointes, les yeux au ciel, elle cria d'une voix stridente :

– Qu'il est bête ! Qu'il est bê-ête !

Et elle s'enfuit. »

Marcel Pagnol,
Le Temps des secrets,
© Jacqueline Pagnol

L'Insupportable William

Robert a obtenu que Mlle Canon vienne prendre le goûter à la maison ; il a aussi obtenu que son petit frère, le terrible William, soit consigné au jardin tout l'après-midi. Mais c'est aux charmes de William que succombera l'idole du pauvre Robert...

« Elle suivit l'allée sans regarder à droite ni à gauche, mais un léger mouvement dans les buissons attira son attention. Elle se retourna vivement et découvrit un petit visage rond tout barbouillé de bouchon brûlé et encadré de plumes de poule fixées avec du scotch. Les fossettes se creusèrent :

— Salut à toi, ô grand chef !

William en resta bouche bée : il n'était pas habitué à autant d'intelligence chez une grande personne.

— Grand chef Main rouge, précisa-t-il avec un regard belliqueux.

Elle s'inclina profondément, ses yeux noirs pétillants de gaieté.

— Et quelle mort attend le pauvre visage pâle qui tombe entre les mains du grand chef Main rouge ?

— T'as qu'à venir dans mon wigwam sans faire d'histoires et tu verras ! répondit Main rouge, menaçant.

Elle jeta un coup d'œil indécis vers le tournant de l'allée derrière lequel se cachait la maison puis le suivit dans les buissons avec un rire léger. En traversant le jardin, elle aurait pu apercevoir (si elle avait regardé de ce côté, mais elle suivait William sans plus hésiter) la fenêtre du salon derrière laquelle Robert, pâle, nerveux, tout raide dans son pantalon repassé (et retroussé pour qu'on puisse voir les chaussettes neuves d'un beau bleu électrique), attendait passionnément, les yeux fixés sur le tournant de l'allée par laquelle la bien-aimée devait faire son apparition. De temps en temps, sa main errait distraitement vers la cravate neuve et le col immaculé de la chemise, peut-être un peu trop haut et trop raide pour être tout à fait confortable mais qui était, d'après ce qu'avait dit le vendeur à son client éperdu, ce qu'on fait de plus élégant et à la dernière mode.

Pendant ce temps, la bien-aimée avait atteint le refuge de William – une cabane qu'il avait faite lui-même avec

des branches coupées à tous les arbres des environs – où il avait passé, avec l'un ou l'autre de ses amis, bien des après-midi de bonheur.

– Le wigwam, visage pâle ! annonça-t-il d'une voix d'outre-tombe. Attends-moi là pendant que nous discutons avec Serpent-Python et les autres grands chefs de ce qu'on va faire de toi. C'est Serpent-Python et tous les autres, ajouta-t-il de sa voix de tous les jours et indiquant un petit bouquet d'arbres.

Il s'approcha et se mit à parler aux arbustes d'une voix farouche avec des mots incompréhensibles et, à la fin de chaque phrase, il tournait vers sa prisonnière un visage farouche et la montrait du doigt comme s'il décrivait les péripéties de sa capture. Cela dura quelques minutes, puis il revint vers elle.

– Ch'parlais en peau-rouge, expliqua-t-il de sa voix normale.

Puis, reprenant son ton sépulcral, il ajouta, plus féroce que jamais :

– Serpent-Python dit que la visage pâle doit être scalpée, bouillie et mangée.

Il sortit un canif de sa poche et l'ouvrit, comme pour passer immédiatement à l'exécution de la sentence, puis continua :

– Mais, moi et les autres, on a décidé que si tu acceptais d'être ma squaw et de nous faire la cuisine, on pourrait te laisser la vie sauve.

– Que le grand chef Main rouge accepte mes remerciements très humbles et très sincères ! dit-elle. Je serais très heureuse et très honorée d'être ta squaw.

– J'ai un feu par là, dit William fièrement en la conduisant derrière le wigwam où, effectivement, un petit feu de bois fumait tristement, à moitié étouffé sous une grande casserole où bouillonnait un liquide noirâtre.

– Ceci, ô squaw, dit Main rouge avec un large geste théâtral, ceci est le visage pâle que nous avons capturé la nuit dernière.

– Magnifique ! dit la squaw. Il est en train de bouillir ? »

Richmal Crompton,
L'Insupportable William,
traduction de Tessa Brisac,
© Gallimard

Grabuge et l'indomptable Amélie

Grabuge a pris froid à la piscine et le médecin lui a ordonné de rester au lit. Dehors, les élagueurs taillent les arbres. Alors Grabuge investit leur beau camion-grue jaune ; conduit par Bébé Lion et accompagné par la tronçonneuse McCullock, de la tribu des McCullock, il part enlever l'indomptable Amélie.

« Grabuge était donc entré dans la cour de son école, tel Apollon sur son char, et il ne se sentait pas de joie, car une fois le portail franchi, il était ici chez lui, connaissait les recoins et l'odeur de chaque classe et savait exactement à quelle fenêtre il voulait être hissé. McCullock ronflait ; il l'avait mise à toute force pour signaler son arrivée. Deux cents visages s'étaient aussitôt collés aux fenêtres et Grabuge s'était félicité d'avoir enfilé son passe-montagne : personne ne pouvait le reconnaître dessous et il était libre de se signaler quand il le voudrait à l'indomptable Amélie. Car il n'était venu que pour elle, comme vous vous en doutez. Les deux cents visages avaient disparu, rappelés à l'ordre, et Grabuge savait exactement ce qui se passait dans les classes et que personne n'avait plus la tête à travailler depuis que cette grue jaune était entrée dans la cour. (...)

Par la fenêtre entrouverte, il vit sa classe, toute sa classe écrire et Mlle Joton dicter un problème, en se grattant le nez, comme d'habitude ; il vit aussi le tablier à fleurs de l'indomptable Amélie et sa queue de cheval sur laquelle personne ne pouvait tirer sans se fait mordre. Une faiblesse envahit Grabuge, comme le jour où il s'était enfoncé un couteau dans la joue pour imiter un fakir, et il soupira si fort qu'Amélie tourna la tête. Pourtant Amélie ne tournait jamais la tête ; pour cette raison, on l'avait assise près de la fenêtre, car tout autre, à cette place, se serait dévissé le cou. Grabuge retira son passe-montagne d'une main et l'indomptable Amélie fut tellement suffoquée de voir sa tignasse ébouriffée, suspendue entre ciel et terre, qu'elle poussa un cri. Mlle Joton, nerveuse comme elle l'était, demanda qui avait crié, et toutes les têtes se tournèrent vers Amélie. Mais celle-ci ne dit rien et Mlle Joton, dont elle était la chouchoute, n'insista pas. Grabuge avait plongé au fond de la nacelle, et, quand il émer-

gea de sa cachette, il fit signe à Bébé Lion de l'approcher un peu plus près.

— Je suis le roi des élagueurs, souffla-t-il, j'ai taillé les avenues du quartier, sauvé des milliers d'ormes de la maladie hollandaise, ébranché le plus gros cèdre de Paris.

Il se rappela que les toreros lançaient la queue ou les oreilles de leurs taureaux à la dame de leurs pensées et il regretta que les arbres n'aient ni queue ni oreilles. Visiblement Amélie ne le croyait pas.

— J'ai carambolé vingt voitures et fait marcher une McCullock, de la tribu des McCullock.

Il souleva à bout de bras la tronçonneuse bâillonnée et il lui sembla qu'elle pesait soudain une tonne.

— Je puis décapiter (il pensa : "tous les voleurs de la terre", mais il dit :) toutes les filles de la terre, afin d'impressionner son auditrice.

Amélie lui envoya sa gomme sur le nez.

— Les tours de Notre-Dame ne me font pas peur, poursuivit Grabuge, et je coupe le cou de la tour Eiffel, comme à un poulet.

L'indomptable Amélie fut quand même ébranlée.

— Avec tous les visiteurs dedans ? demanda-t-elle.

— Au-dessus ou au-dessous de l'ascenseur, dit Grabuge, désinvolte. C'est comme je veux.

Amélie pouffa. Mlle Joton demanda qui avait ri, et, à nouveau, toutes les têtes se tournèrent vers Amélie.

— Amélie, si tu continues, dit Mlle Joton, je te donne cent cinquante lignes.

Grabuge regarda la pendule et vit qu'il n'avait plus que quelques minutes avant la fin du cours pour convaincre Amélie.

— Enjambe le balcon et laisse-toi tomber dans la nacelle. Je t'enlève.

Comme il la voyait hésiter, il ajouta :

— On passera sûrement à la télé, ce soir, toutes les chaînes parleront de nous.

A ce mot fatal de chaîne, la Mc Cullock recracha son bâillon et se mit à hurler. Grabuge n'eut que le temps de se jeter sur elle et de la ligoter dans son passe-montagne. Déjà tous les cours moyens étaient aux fenêtres et Mlle Joton criait comme une craie, en demandant qui avait crié. »

Elvire de Brissac,
Grabuge et l'Indomptable Amélie,
© Gallimard

4
SOLUTIONS DES JEUX

Êtes-vous chahuteur ?

(p. 147)

Si vous obtenez une majorité de ○ **:** vous êtes le chahuteur-type, une espèce rare et en voie de disparition. Le métier de chahuteur exige un certain courage, une confiance totale en ses camarades et de l'humour. Vous avez tout cela ainsi qu'un remarquable sens de l'organisation ou du commandement. Mais attention, être un meneur peut souvent conduire à l'isolement et à la punition... (ce n'est pas une surprise, n'est-ce pas ?)

Si vous obtenez une majorité de □ **:** vous êtes plutôt un solitaire et vous pensez sans doute que le désordre est une source d'injustice. Vous ne tenez pas à vous laisser conduire là où vous n'avez pas choisi d'aller. Cette attitude n'est peut-être pas toujours appréciée par vos camarades...

Si vous obtenez une majorité de △ **:** vous êtes, comme la plupart des élèves, sensible à l'ambiance de la classe. Vous savez quelles sont les bornes et vous évitez de les franchir. Vous êtes cependant prêt à participer à un chahut si l'occasion s'en présente, mais alors ne cherchez pas à échapper aux conséquences de vos actes !

Le résumé truqué

(p. 153)

1. En sortant de l'école, et non en entrant. - 2. C'est le jeudi, et non le mercredi qu'ils se retrouvent dans le terrain vague. - 3. C'est une couverture qu'apporte Joachim, et non une bâche. - 4. C'est Joachim qui conduit la voiture. - 5. C'est près d'une rivière que les enfants s'arrêtent. - 6. C'est pour l'heure du dîner qu'Alceste décide de rentrer. - 7. Il y avait des embouteillages.

Mots en équerre
(p. 156)

```
S O U R I R E
U   E T I N C E L L E
S   T   D R I B B L E
U   O   I   U N I S S O N
R   N   R   T   I N S P E C T E U R
R   N   I   I   D   R I D E A U X
E   E   G   L   E   O   E C R I R E
    R   E   E   E   B
            R       E   S
                        P
                        O
                        I
                        R
```

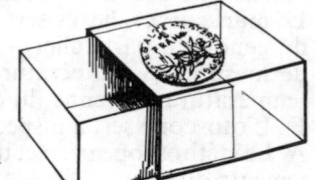

Il y a un truc
(p. 159)

1. Il suffit de cacher une seconde pièce de monnaie au fond de la boîte, en équilibre sur le rebord (comme sur le dessin). Elle tombera au fond de la boîte lorsque le magicien la refermera.

2. Il faut mettre dans l'eau quatre ou cinq poignées de gros sel, ce qui augmente la densité de l'eau. L'œuf, plus léger, remontera doucement à la surface.

3. L'assistant et le magicien doivent avoir un code. Pendant que le magicien fait semblant de se concentrer, l'assistant improvise un petit discours en incluant les mots de ce code, ce qui permet à son complice de déduire rapidement le nom de la carte.

« Attention » signifie que la couleur est rouge.

« Yeux bandés » signifie que la couleur est noire.

« Il n'a pas pu voir » signifie que la carte est un carreau ou un pique.

« Hasard » signifie que la carte est un cœur ou un trèfle.

« Concentrez-vous » signifie que c'est un as, un roi, une dame ou un valet.

« Réfléchissez bien » signifie que c'est un dix, un neuf, un huit ou un sept.

« Vous allez voir » signifie que c'est un dix ou un as.

« C'est extraordinaire » signifie que c'est un roi ou un neuf.

« Maintenant » signifie que c'est une dame ou un huit.

« Alors » signifie que c'est un valet ou un sept.

Il suffit de s'entraîner un peu et de combiner ces éléments d'une manière très naturelle.

Un peu d'ordre
(p. 161)

L - E - J - K - B - I - H - G - F - C - D - A - M

L'outillage du bon médecin
(p. 163)

1 : B. La seringue sert à injecter un produit quelconque dans le sang (piqûres intraveineuses), sous la peau (sous-cutanées) ou dans les muscles (intramusculaires) - 2 : C. Le marteau à réflexes sert à tester les réflexes (au niveau du genou en particulier) - 3 : E. Le thermomètre permet de mesurer la température interne de votre corps. (La température moyenne du corps humain est de 37°.) - 4 : D. L'otoscope sert à inspecter le creux de vos oreilles - 5 : A. Le stéthoscope permet d'écouter avec précision les battements du cœur.

Futurs médecins, à vos stéthoscopes !
(p. 166)

1 : B - 2 : A - 3 : E - 4 : F - 5 : D - 6 : C

Quelques questions sur l'athlétisme
(p. 166)

2. Le décathlon comporte dix épreuves réparties sur deux jours. Premier jour : cent mètres, saut en longueur, lancer du poids, saut en hauteur, quatre-cents mètres ; deuxième

jour : cent-dix mètres haies, lancer du disque, saut à la perche, lancer du javelot, quinze-cents mètres.

3. A. Carl Lewis (États-Unis) : course de vitesse, relais, saut en longueur - **B.** Eddy Mercx (Belgique) : course cycliste - **C.** Émile Zatopek (Tchécoslovaquie) : fond et demi-fond - **D.** Sergeï Bubka (Union Soviétique) : saut à la perche - **E.** Jacques Anquetil (France) : course cycliste - **F.** Alain Prost (France) : course automobile

Vive la communication !
(p. 168)

3. Dans « page », A est en 2e position, G en 3e, P en 1re, et E en 4e. Si vous appliquez la règle, le mot « livre » vous apparaît.
Le deuxième mot est évidemment « Nicolas ».

Les deux anniversaires
(p. 170)

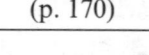

Vingt questions pour conclure
(p. 171)

1 : A (p. 10) - 2 : C (p. 15) - 3 : B (p. 61) - 4 : D (p. 34) - 5 :
C (p. 44) - 6 : A (p. 59) - 7 : A (p. 26) - 8 : D (p. 70) - 9 : C
(p. 38) - 10 : A (p. 47) - 11 : A (p. 71) - 12 : D (p. 77) - 13 :
C (p. 84) - 14 : B (p. 95) - 15 : B (p. 101) - 16 : D (p. 102) -
17 : D (p. 111) - 18 : D (p. 120) - 19 : A (p. 128) - 20 : B
(p. 138).

Si vous obtenez entre 15 et 20 bonnes réponses : vous avez
dû prendre beaucoup de plaisir à lire et à partager les
aventures du petit Nicolas... savez-vous qu'il y a encore
trois livres racontant ses histoires ? (*Les Récrés du petit
Nicolas, Les Vacances du petit Nicolas, Joachim a des
ennuis*, dans la même collection)

Si vous obtenez entre 10 et 15 bonnes réponses : ce n'est pas
mal du tout. Évidemment, vous n'êtes pas Agnan, mais
qui vous en voudrait ?...

Si vous obtenez entre 5 et 10 bonnes réponses : vous avez,
visiblement, bien souvent préféré le terrain vague et ses
jeux à une lecture assidue... faites un effort la prochaine
fois, ou relisez quelques passages qui vous auraient
échappé.

Si vous avez moins de 5 bonnes réponses : vous n'aimez pas
suffisamment l'école pour vous intéresser à toutes ces
gamineries. A moins que vous n'ayez aucun copain, mais
c'est peu probable !

Martin, Didier
Frédéric + Frédéric = Frédéric

Massepain, André
L'île aux fossiles vivants

Maurois, André
Patapoufs et Filifers

Mebs, Gudrun
L'enfant du dimanche
Je sais où est la clef

Ménard, Jean-François
Le voleur de chapeaux

Mérimée, Prosper
Colomba

Merrick, Hélène
Les larmes de glace

Mirman, Louis
Grite parmi les loups
Le silex noir
Youg

Morgenstern, Susie
Premier amour, dernier amour

Mörike, Eduard
Un voyage de Mozart à
Prague

Morpurgo, Michael
Cheval de guerre

Njami, Simon
Les enfants de la cité

Noguès, Jean-Côme
Le vœu du paon

Norton, Mary
Tous les géants sont-ils bien
morts ?

Ollivier, Jean
Histoires du gaillard d'avant

Pef
La grande aventure du livre

Pelgrom, Els
L'étrange voyage de Sophie

Pelot, Pierre
Sierra Brûlante

Pergaud, Louis
La guerre des boutons

Perrault, Charles
Contes de ma mère l'Oye

Peyramaure, Michel
La vallée des mammouths

Prévert, Jacques
Contes pour enfants pas sages
Lettres des îles Baladar

Price, Willard
Pièges dans la jungle
Pièges sous le Pacifique

Renard, Jules
Poil de Carotte

Roy, Claude
Enfantasques
La maison qui s'envole
Le chat qui parlait malgré lui

Saint-Exupéry, Antoine de
Le petit prince